伟大的里程碑

十八大以来党和国家事业取得的历史性成就、发生的历史性变革

本书编写组 ◎ 编

WEIDADE LICHENGBEI

SHIBADAYILAI DANGHEGUOJIASHIYE QUDEDE
LISHIXINGCHENGJIU FASHENGDE LISHIXINGBIANGE

新华出版社

图书在版编目（CIP）数据

伟大的里程碑：十八大以来党和国家事业取得的历史性成就、发生的历史性变革 /《伟大的里程碑：十八大以来党和国家事业取得的历史性成就、发生的历史性变革》编写组编. -- 北京：新华出版社, 2022.10（2025.2重印）
ISBN 978-7-5166-6515-2

Ⅰ. ①伟… Ⅱ. ①伟… Ⅲ. ①社会主义建设成就–中国 Ⅳ. ①D619

中国版本图书馆CIP数据核字（2022）第200065号

伟大的里程碑：十八大以来党和国家事业取得的历史性成就、发生的历史性变革

编　　写：本书编写组

出 版 人：匡乐成		出版统筹：许　新	
责任编辑：徐　光　陈思淇　刘宏森		封面设计：刘宝龙	

出版发行：新华出版社
地　　址：北京石景山区京原路8号　　　　邮　　编：100040
网　　址：http://www.xinhuapub.com
经　　销：新华书店、新华出版社天猫旗舰店、京东旗舰店及各大网店
购书热线：010－63077122　　　　中国新闻书店购书热线：010－63072012
照　　排：六合方圆
印　　刷：大厂回族自治县众邦印务有限公司
成品尺寸：170mm×240mm　1/16
印　　张：20.75　　　　字　　数：181千字
版　　次：2022年11月第一版　　　　印　　次：2025年2月第二次印刷
书　　号：ISBN 978-7-5166-6515-2
定　　价：68.00元

版权专有，侵权必究。如有质量问题，请与出版社联系调换：010-63077124

出版说明

2012—2022年,行进在中华民族伟大复兴的历史征程上,中国人民书写下极不寻常、极不平凡的时代篇章。

党的十八大以来,以习近平同志为核心的党中央团结带领全国各族人民,采取一系列战略性举措,推进一系列变革性实践,实现一系列突破性进展,取得一系列标志性成果,推动党和国家事业取得历史性成就、发生历史性变革。

一项项重点工程、一个个国之重器、一次次创新突破……新时代的伟大变革中,不同维度的独特标识记录下中国的非凡十年。新时代10年的伟大变革,在党史、新中国史、改革开放史、社会主义发展史、中华民族发展史上具有里程碑意义。

新华社"奋进新征程 建功新时代"总栏目下的"非凡十年"子栏目,连续播发了"确保党始终成为中国特色社主义事业坚强领导核心——新时代坚持和加强党的全面领导述评""开辟百年大党自我革命新境界——新时代坚持全面从严治党述评""坚定不移走高质量发展之路——新时代中国经济建设述评"等13个方面的成就述评文章，系统全面阐释了十八大以来党和国家事业取得的历史性成就、发生的历史性变革。我们以此为基础，并随文配设新华社公开播发的图片数十幅，编辑出版《伟大的里程碑：十八大以来党和国家事业取得的历史性成就、发生的历史性变革》一书。

　　本书导向正确、内容权威、图文并茂、通俗易懂，具有一定史料价值，可作为广大干部群众理论学习，深刻认识新时代十年成就的参考读物。

确保党始终成为中国特色社会主义事业坚强领导核心
——新时代坚持和加强党的全面领导述评 / 2

旗帜鲜明，党中央权威和集中统一领导得到有力保证 / 4

建章立制，把党的全面领导落实到国家治理各领域各方面各环节 / 8

淬火成钢，有力推动党的全面领导落实落地 / 11

开辟百年大党自我革命新境界
——新时代坚持全面从严治党述评 / 16

以上率下　久久为功 / 18

猛药去疴　刮骨疗毒 / 21

夯基固本　着眼长远 / 24

坚定不移走高质量发展之路
——新时代中国经济建设述评 / 28

践行新发展理念　全面开启深刻变革 / 30

统筹发展和安全　打好转危为机战略主动战 / 34
锚定高质量发展　着力构建新发展格局 / 38

改革不停顿　开放不止步
——新时代全面深化改革开放述评 / 44

关键一招："推动新时代改革开放走得更稳、走得更远" / 46
闯关夺隘："推动改革和发展深度融合、高效联动" / 49
人民至上："促进社会公平正义，让改革发展成果更多更公平惠及全体人民" / 53

扎实推进全过程人民民主
——新时代发展中国特色社会主义民主政治述评 / 58

举旗定向，不断发展全过程人民民主 / 60
夯基固本，用制度体系保证人民当家作主 / 63
广泛真实，全过程人民民主好用管用 / 66

迈出法治中国建设新步伐
——新时代推进全面依法治国述评 / 70

谋篇布局　立柱架梁——党运用法治方式领导和治理国家的能力显著增强，开辟全面依法治国新境界 / 72
保障善治　促进发展——中国特色社会主义法治体系不断完善，推进国家治理体系和治理能力现代化 / 74

为了人民　依靠人民——坚持法治建设以人民为中心，让亿万人民有更多获得感幸福感安全感 / 78

夯实文化自信之基　提振民族复兴精气神
——新时代文化建设述评 / 84

坚定自信　增强凝聚力 / 86

文化为民　回应新期待 / 91

守正创新　铸就新辉煌 / 95

续写社会长期稳定奇迹
——新时代中国社会建设述评 / 100

以人民为中心：全面小康一个也不能少 / 102

补短板强弱项：让老百姓过上好日子 / 106

着眼长治久安：社会治理水平大幅度提升 / 110

美丽中国展新颜
——新时代中国生态文明建设述评 / 114

"绿色答卷"令人民满意、世界瞩目 / 116

全方位、全地域、全过程加强生态环境保护 / 120

努力建设人与自然和谐共生的现代化 / 123

中国特色强军之路的时代答卷
——新时代推进国防和军队建设述评 / 130

听党指挥,信仰弥坚——坚持党对军队绝对领导的根本原则和制度更加牢固 / 132

备战打仗,担当使命——捍卫国家主权、安全、发展利益更加坚强有力 / 136

作风优良,永葆本色——人民军队的鲜明特色和政治优势更加巩固 / 141

开创维护国家安全的崭新局面
——新时代中国维护国家安全述评 / 146

坚持总体国家安全观　构建新安全格局 / 148

统筹发展和安全　实现高质量发展和高水平安全的良性互动 / 152

巩固国家安全人民防线　有效维护国家安全 / 156

绘就同心圆　共筑中国梦
——新时代坚持"一国两制"和推进祖国统一述评 / 160

创新理论指引下,香港澳门保持繁荣稳定良好局面 / 162

标本兼治,落实中央对特别行政区全面管治权 / 166

定向领航,形成新时代党解决台湾问题的总体方略 / 168

应对挑战,牢牢把握两岸关系主导权和主动权 / 171

推进中国特色大国外交　服务中华民族伟大复兴
——新时代中国外交工作述评 / 174

发展全球伙伴关系　扩大同各国的利益交汇点 / 176

推进开放合作　开辟共同发展广阔空间 / 179

秉持外交为民理念　维护海外中国公民、法人正当权益 / 182

推动全球治理变革　为我国发展和世界和平创造更为有利条件 / 183

附录一　党的十八大以来大事记 / 188

附录二　党的十九大以来大事记 / 240

确保党始终成为中国特色社会主义事业坚强领导核心

——新时代坚持和加强党的全面领导述评

"中国特色社会主义最本质的特征是中国共产党领导，中国特色社会主义制度的最大优势是中国共产党领导，中国共产党是最高政治领导力量"。

党的十八大以来，以习近平同志为核心的党中央采取一系列重大战略举措，坚持和加强党的全面领导，取得重大政治成果、理论成果、制度成果、实践成果。

党中央权威和集中统一领导得到有力保证，党的领导制度体系不断完善，党的领导方式更加科学，全党思想上更加统一、政治上更加团结、行动上更加一致，党的政治领导力、思想引领力、群众组织力、社会号召力显著增强。

旗帜鲜明，党中央权威和集中统一领导得到有力保证

2021年11月，党的十九届六中全会通过党的第三个历史决议，作出重大政治论断：

"党确立习近平同志党中央的核心、全党的核心地位，确立习近平新时代中国特色社会主义思想的指导地位，反映了全党全军全国各族人民共同心愿，对新时代党和国家事业发展、对推进中华民族伟大复兴历史进程具有决定性意义。"

"两个确立"是党的十八大以来最重要的政治成果，是时代呼唤、历史选择、民心所向。

党的十八大以来，以习近平同志为核心的党中央把坚持和加强党的全面领导作为开创事业新局面的重中之重，深刻阐明坚持党的全面领导的极端重要性和科学内涵——

"党政军民学，东西南北中，党是领导一切的，是最高的政治领导力量"；

"中国最大的国情就是中国共产党的领导""党的领导是党和国家的根本所在、命脉所在，是全国各族人民的利益所系、命运所系"；

2021年7月1日上午,庆祝中国共产党成立100周年大会在北京天安门广场隆重举行。这是庆祝大会现场放飞气球。(新华社记者李尕摄)

"我们治国理政的本根,就是中国共产党的领导和我国社会主义制度""坚持党的全面领导是坚持和发展中国特色社会主义的必由之路";

"中国共产党是中国特色社会主义事业的领导核心,所以必须加强和改善党的领导,充分发挥党总揽全局、协调各方的领导核心作用";

……

一系列重要论述,深刻阐述了坚持和加强党的全面领导的极端重要性和科学内涵,为统一全党全国人民思想提供了理论指引。

伟大的里程碑

2017年金秋，党的十九大上，习近平总书记提出新时代党的建设总要求，进一步强调坚持和加强党的全面领导。

正是在党的十九大上，"中国共产党的领导是中国特色社会主义最本质的特征，是中国特色社会主义制度的最大优势"载入党章；翌年3月举行的十三届全国人大一次会议表决通过宪法修正案，"中国共产党领导是中国特色社会主义最本质的特征"写入宪法第一章《总纲》第一条。

从习近平新时代中国特色社会主义思想"十个明确"的核心内涵，到我国国家制度和国家治理体系的十三方面显著优势，再到中国共产党百年奋斗的"十个坚持"历史经验……一系列重大理论总结、重要经验启示中，党的领导均居于首位。

事在四方，要在中央。党中央集中统一领导是党的领导的最高原则。

党中央是全党的大脑和中枢，具有定于一尊、一锤定音的权威；党的地方组织确保党中央的决策部署在本地区的贯彻落实，有令即行、有禁即止；党组贯彻落实党中央和上级党组织决策部署，发挥把方向、管大局、保落实的重要作用；

2022年7月1日,上海市新党员代表入党宣誓活动在中共一大会址前举行。(新华社记者刘颖摄)

党的基层组织负责把党中央和上级党组织的决策部署贯彻落实到基层。

上下贯通、执行有力的组织体系,让党中央"如身使臂,如臂使指",形成无比坚强的领导力、组织力、执行力。

全党有核心,党中央才有权威,党才有力量。

坚决做到"两个维护",是我们党最重要的政治纪律和政治规矩。全党坚决维护习近平同志党中央的核心、全党的核心地位,坚决维护党中央权威和集中统一领导,团结成"一块坚硬的钢铁",步调一致向前进。

建章立制,把党的全面领导落实到国家治理各领域各方面各环节

习近平总书记指出:"加强党对一切工作的领导的要求不是空洞的、抽象的,要在各方面各环节落实和体现。"

党的十八大以来,党中央采取一系列举措,把党的领导落实到国家治理各领域各方面各环节,确保党引领复兴巨轮沿着正确航向破浪前行。

党的领导制度体系不断完善——

2015年1月16日,中南海怀仁堂,一个重要会议开了整整一天。

习近平总书记主持中共中央政治局常委会会议,听取全国人大常委会、国务院、全国政协、最高人民法院、最高人民检察院党组的工作汇报。

此后每年年初,这样的汇报都会举行一次,成为坚持党中央权威和集中统一领导的重要制度安排。

制度稳则国家稳,制度强则国家强。

党的十九届四中全会突出坚持和完善党的领导制度，抓住了国家治理的关键和根本。

出台中共中央政治局关于加强和维护党中央集中统一领导的若干规定、中国共产党重大事项请示报告条例等党内法规，党的全面领导更加制度化、规范化；

成立中央全面深化改革委员会、中央国家安全委员会、中央网络安全和信息化委员会、中央财经委员会、中央全面依法治国委员会等，强化党中央决策议事协调机构职能作用；

全面深化党和国家机构改革，党和国家机构职能实现系统性、整体性重构；

国有企业党委（党组）发挥领导作用，高等学校坚持实行党委领导下的校长负责制，在公立中小学、医院、科研院所逐步实行党组织领导下的校（院、所）长负责制；

……

横向到边、纵向到底的坚持党的全面领导制度体系更加成熟、更加定型，为推进新时代中国特色社会主义各项事业提供坚强保证。

党的领导方式更加科学——

既要坚持党的全面领导，又要不断完善党的领导。

党的十九大要求全面增强党的执政本领，围绕增强学习本领、政治领导本领、改革创新本领、科学发展本领、依法执政本领、群众工作本领、狠抓落实本领、驾驭风险本领提出具体要求。

2020年2月11日，陕西省西安市莲湖区枣园街道唐都花园社区党支部书记姚美珍（右一）与工作人员和志愿者讨论当日分工安排。（新华社记者张博文摄）

　　2022年4月，党的二十大相关工作网络征求意见启动。短短一个月时间里，活动累计收到网民建言超过854.2万条。此前，2020年8月，在"十四五"规划建议起草过程中，我们党在五年规划编制史上首次开展"网络问策"。

　　坚持民主集中制，坚持科学执政、民主执政、依法执政，不断提高党把方向、谋大局、定政策、促改革的能力和定力，党的领导更加适应实践、时代、人民的要求。

淬火成钢,有力推动党的全面领导落实落地

一声令下、尽锐出战,300多万名第一书记和驻村干部奋战在脱贫攻坚最前沿;逆行出征、冲锋在前,党旗在疫情防控第一线高高飘扬……

2019年6月30日,在位于黔桂交界大苗山深处的乌英苗寨,驻村第一书记韦桂华(右四)、党员梁成兵(右三)、梁志新(左二)带领村民维修河堤。(新华社记者黄孝邦摄)

党的十八大以来，一次次大战大考让人民群众真切感受到，中国共产党具有无比坚强的领导力，是风雨来袭时中国人民最可靠的主心骨。

习近平总书记指出："全面建设社会主义现代化国家，实现新时代新征程各项目标任务，关键在党。"

新征程上，必须坚持和加强党的全面领导，确保党始终

2020年12月31日，渔政执法船队从长江武汉段江面驶过，启动长江流域重点水域"十年禁渔"。（新华社记者程敏摄）

成为中国特色社会主义伟大事业的坚强领导核心。

贯彻"共抓大保护、不搞大开发"理念，长江沿线各地合作共治，母亲河焕发生机；落实"扎实推动共同富裕"部署，之江大地蹄疾步稳探索新机制；按照"共同把黑土地保护好、利用好"要求，黑龙江为黑土地立法，守好大粮仓"命脉"……各地各部门以实际行动把党的大政方针和党中央决策部署落实到位。

正如习近平总书记所说："只有各级党组织都经常喊看齐，才能时刻警醒、及时纠偏，使全党始终保持整齐昂扬的奋进状态。"

心怀"国之大者"，不断提高政治判断力、政治领悟力、政治执行力，自觉在思想上政治上行动上同党中央保持高度一致，全党上下就能拧成一股绳，心往一处想、劲往一处使。

2022年7月13日，习近平总书记在新疆乌鲁木齐市天山区固原巷社区考察时说："要把社区基层党组织建好，真正发挥战斗堡垒作用，把社区各方面服务工作搞好，使各族群众生活越来越幸福。"

求木之长者，必固其根本。党的基层组织是党的全部工作和战斗力的基础。

广袤乡村里，村"两委"干部担当尽责，做乡村振兴"领头羊"；各类企业中，基层党组织推动党建工作融入生产经营各环节,为企业发展注入"红色动能"……党的组织体系"神经末梢"更加活跃,基层党组织战斗堡垒作用发挥得更加充分。

在以习近平同志为核心的党中央坚强领导下,毫不动摇坚持和加强党的全面领导,不断增强"四个意识"、坚定"四

2022年5月23日拍摄的黑龙江省海伦市前进镇光荣村已完成播种的黑土耕地。(新华社记者谢剑飞摄)

个自信"、做到"两个维护",全党全军全国各族人民团结一致向前进,就一定能够谱写全面建设社会主义现代化国家崭新篇章。

(新华社北京 2022 年 8 月 16 日电 新华社记者丁小溪、高蕾、范思翔)

开辟百年大党自我革命新境界

——新时代坚持全面从严治党述评

"全面从严治党是新时代党的自我革命的伟大实践,开辟了百年大党自我革命的新境界。"

党的十八大以来,以习近平同志为核心的党中央以前所未有的勇气和定力推进全面从严治党,推动新时代全面从严治党取得了历史性、开创性成就,产生了全方位、深层次影响。

以上率下　久久为功

我们党来自人民、植根人民、服务人民，一旦脱离群众就会失去生命力，全面从严治党必须从人民群众反映强烈的作风问题抓起。

2012年12月4日，党的十八大闭幕不到一个月，习近平总书记主持中共中央政治局会议，审议通过中央政治局关于改进工作作风、密切联系群众的八项规定。

短短600余字，中央八项规定从调查研究、会议活动等8个方面为加强作风建设立下规矩。

"党风廉政建设，要从领导干部做起，领导干部首先要从中央领导做起。正所谓己不正，焉能正人。"

从赴广东考察不封路、不扰民，到在河北阜平住16平方米的房间，再到在陕北梁家河自己掏钱给乡亲们买年货……轻车简从、深入基层，习近平总书记以实际行动作出表率。

中央政治局每年召开民主生活会，听取贯彻执行八项规定情况汇报，开展批评和自我批评。

以上率下，蔚然成风。

十年来，以中央八项规定破题开局，一场激浊扬清的作风之变涤荡神州大地。

"河南省委原常委、政法委原书记甘荣坤违规收受礼品、礼金，接受可能影响公正执行公务的旅游安排和宴请问题""江西省政协原党组成员、副主席肖毅违规收受礼品、礼金，接受可能影响公正执行公务的宴请问题"……

2022年"五一"假期来临前，中央纪委国家监委对十起违反中央八项规定精神典型问题进行公开通报，体现了拒腐防变从领导干部抓起、从作风严起的鲜明导向。

警钟长鸣，震慑常在。

2020年10月26日，在某中央国家机关食堂，厨师将菜根等边角余料放入暂存箱。（新华社记者刘彬摄）

数据显示，党的十八大以来，截至 2022 年 4 月底，全国纪检监察机关共查处违反中央八项规定精神问题 72.3 万起，给予党纪政务处分 64.4 万人。

从抓"舌尖上的浪费""车轮上的铺张"到查"月饼盒里的不正之风""楼堂馆所的豪华"；从推进基层减负，到倡导勤俭节约、反对铺张浪费……

2018 年 12 月 29 日，河北省宁晋县纪检干部借助公安机关交通监控系统，实时查看公车运行轨迹，严查公车私用问题。（新华社记者牟宇摄）

十年来，一系列务实举措剑指人民群众反映强烈的突出问题，驰而不息纠"四风"、树新风，使党风政风为之一振，社会风气为之一新。

猛药去疴　刮骨疗毒

党的十九大报告指出："把党的政治建设摆在首位""党的政治建设是党的根本性建设"。

旗帜鲜明讲政治是我们党作为马克思主义政党的根本要求。习近平总书记深刻洞察党内存在的所有问题本质上都是政治问题，要求"全面从严治党首先要从政治上看"。

曾经的陕西秦岭，违建别墅如块块疮疤，习近平总书记6次作出重要指示批示，要求"首先从政治纪律查起"，推动这一问题彻底查处。

2018年9月6日，大型机械在陕西省西安市长安区秦岭违建别墅群"群贤别业"内进行拆除工作。（新华社记者邵瑞摄）

制定新形势下党内政治生活若干准则、严明政治纪律和政治规矩、坚决治理"七个有之"问题、清除阳奉阴违的"两面人",以精准有力政治监督确保党中央大政方针和决策部署贯彻落实……

全党深刻领悟"两个确立"的决定性意义,不断增强"四个意识"、坚定"四个自信"、做到"两个维护"。全党在政治立场、政治方向、政治原则、政治道路上同党中央保持高度一致,政治判断力、政治领悟力、政治执行力显著提升。

反腐败关乎生死存亡,是最彻底的自我革命。

数据显示,党的十八大以来,截至2022年4月底,全国纪检监察机关共立案审查调查438.8万件、470.9万人。

2021年11月13日,在海南省琼中黎族苗族自治县湾岭镇加章村委会,纪检监察干部(左一)在查阅乡村振兴及村级财务支出相关材料。(新华社记者杨冠宇摄)

得罪千百人，不负十四亿。

随着全面从严治党不断向基层延伸，向群众身边的腐败和不正之风亮剑，群众感受到正风肃纪反腐败就在身边。

党的十九大以来，截至 2022 年 4 月底，全国共查处民生领域腐败和作风问题 49.6 万个，给予党纪政务处分 45.6 万人。教育医疗、养老社保等领域的腐败和作风问题得到持续纠治，民生领域损害群众利益问题的治理机制不断完善。

从查处"大老虎"，铲除"蝇贪""鼠害""蛀虫"，到对"关键少数"特别是"一把手"提出更高标准、进行更严监督，我们党逐步强化不敢腐的震慑，扎紧不能腐的笼子，构筑不想腐的堤坝。

坚持纪严于法，把纪律挺在前面，用好监督执纪"四种形态"；推进纪律监督、监察监督、派驻监督、巡视监督"四项监督"统筹衔接、全面覆盖；以党的纪律检查体制、国家监察体制、纪检监察机构"三项改革"激发监督活力……党和国家监督体系不断完善，党的自我净化、自我完善、自我革新、自我提高能力显著增强。

十年来，以习近平同志为核心的党中央以猛药去疴、重典治乱的决心，以刮骨疗毒、壮士断腕的勇气推进反腐败斗争。一体推进不敢腐、不能腐、不想腐的综合效应不断凸显，为反腐败斗争取得压倒性胜利提供了坚强保障，为实现海晏河清、朗朗乾坤奠定了坚实基础。

夯基固本　着眼长远

2018年3月23日，北京平安里西大街。

随着"中华人民共和国国家监察委员会"古铜色牌匾上的红绸揭开，一个全新的国家反腐败工作机构挂牌成立。

此前几天，十三届全国人大一次会议表决通过我国反腐败领域的基础性法律《中华人民共和国监察法》，产生国家监察委员会及其领导人员，标志着中国特色国家监察体制已经形成。

图为2019年7月5日拍摄的中华人民共和国国家监察委员会外景。（新华社发）

习近平总书记指出:"加强党内法规制度建设是全面从严治党的长远之策、根本之策。"

制定修订中央党内法规 156 部、占现行有效中央党内法规的 70.5%,其中制定修订起"四梁八柱"作用的准则、条例 45 部,占现行有效准则、条例的 90%……

进入新时代,党内法规制定力度之大、出台数量之多、制度权威之高、治理效能之好都前所未有,党的制度建设取得历史性成就。数据显示,截至 2022 年 6 月,全党现行有效党内法规共 3718 部。

思想建设是党的基础性建设,理想信念是共产党人精神上的"钙"。

建党百年前夕,习近平总书记来到中国共产党历史展览馆红色大厅,面向鲜红的中国共产党党旗,举起右拳,带领党员领导同志重温入党誓词。

誓言铿锵,久久回荡,彰显出新时代中国共产党人的坚定信仰和如磐初心。

从党的群众路线教育实践活动、"三严三实"专题教育、"两学一做"学习教育,到"不忘初心、牢记使命"主题教育,再到党史学习教育……

党的十八大以来,以习近平同志为核心的党中央教育引导广大党员、干部特别是领导干部从思想上正本清源、固本

2021年6月3日,党员在上海中共一大纪念馆里重温入党誓词。(新华社记者刘颖摄)

培元,筑牢信仰之基、补足精神之钙、把稳思想之舵,保持共产党人政治本色,挺起共产党人的精神脊梁。

与此同时,明责任、强组织、严纪律,落实管党治党政治责任,开创性提出新时代党的组织路线,抓好执政骨干队伍和人才队伍建设,把党建设得更加坚强有力……

2018年4月4日,河北景县纪检监察干部为杜桥镇西徐庄村村民讲解监察法知识。(新华社记者李晓果摄)

开新局于伟大的社会革命,强体魄于伟大的自我革命。

在以习近平同志为核心的党中央坚强领导下,充分发挥全面从严治党的政治引领和政治保障作用,以全面从严治党强化党的先进纯洁、团结统一,党就一定能够带领人民在新的征程上不断取得新的伟大胜利。

(新华社北京2022年8月17日电 新华社记者孙少龙、张研)

坚定不移走高质量发展之路

——新时代中国经济建设述评

2012—2022，十年非凡历程，中国经济发展写下浓墨重彩的篇章——

国内生产总值突破百万亿元大关，人均国内生产总值超过一万美元；全面建成小康社会，开启向着全面建成社会主义现代化强国第二个百年奋斗目标进军新征程。

党的十八大以来，以习近平同志为核心的党中央胸怀"两个大局"，洞察时代大势，立足新发展阶段，贯彻新发展理念，构建新发展格局，引领中国经济巨轮沿着高质量发展新航道攻坚克难、破浪向前，为实现中华民族伟大复兴奠定更为坚实的物质基础。

践行新发展理念　全面开启深刻变革

党的十八大以来,以习近平同志为核心的党中央对经济形势进行科学判断,对发展理念和思路作出及时调整,提出一系列新理念新思想新战略,形成了习近平经济思想,指引中国经济取得历史性成就、发生历史性变革——

10年来,中国经济总量从50万亿元量级跃至114万亿元,占世界经济比重从11.3%上升到超过18%;人均GDP

2020年5月13日,四川省凉山彝族自治州昭觉县支尔莫乡"悬崖村"——阿土列尔村高山区的贫困户沿着钢梯下山,准备搬进昭觉县城易地扶贫搬迁安置点的新家。(新华社记者江宏景摄)

从6300美元升至超1.2万美元，形成超4亿人世界最大规模中等收入群体；近1亿农村贫困人口实现脱贫，历史性解决了困扰中华民族几千年的绝对贫困问题……"国家经济实力、科技实力、综合国力跃上新台阶，我国经济迈上更高质量、更有效率、更加公平、更可持续、更为安全的发展之路。"

理念是行动的先导。党的十八大以来，我们党对经济社会发展提出了许多重大理论和理念，其中新发展理念是最重

图为2022年5月19日拍摄的长江巫山段曲尺乡一带景象。（新华社记者王全超摄）

要、最主要的。

"共抓大保护，不搞大开发。"2016年以来，习近平总书记亲自部署和推动长江经济带发展，中华民族母亲河走上生态优先、绿色发展之路。

截至2021年底，长江经济带国控断面水质优良比例达92.8%，较2015年上升25.8个百分点，高于全国平均水平7.9个百分点；长江经济带11省市经济总量占全国比重达46.6%，较2015年提高1.5个百分点。这些显著变化，生动诠释新发展理念的蓬勃生机。

10年来，我国坚持创新在现代化建设全局中的核心地位，把科技自立自强作为国家发展的战略支撑。

全社会研发投入占国内生产总值比重由1.91%提高到2.44%；全球创新指数排名由第34位升至第12位；"嫦娥"奔月、神舟巡宇、北斗组网、高铁自主技术体系初步建立、5G基站占全球总数超60%……中国特色自主创新道路越走越宽广。

保护生态环境就是保护生产力，改善生态环境就是发展生产力。

祁连山经历"史上最严"整改，由"黑"变"绿"；内蒙古能耗指标结束连续增长态势，由"红"转"绿"；中国植树造林约占全球人工造林四分之一……

三代塞罕坝林场人50多年坚持植树造林，用汗水浇灌出绿波涌动的百万亩人工林海。图为2021年8月23日拍摄的河北塞罕坝机械林场内的望海楼。（新华社记者 牟宇摄）

10年来，一个个鲜活案例彰显发展底色之变，"绿水青山就是金山银山"的理念深入人心，2021年全国地级及以上城市空气质量优良天数比率达87.5%……美丽中国建设迈出重大步伐。

在协调发展中解决发展不平衡问题，在开放发展中解决发展内外联动问题，在共享发展中解决社会公平正义问题……

新发展理念持续回答发展的目的、动力、方式、路径等问题，开启关系发展全局的深刻变革，引领中国经济走上高质量发展的宽阔大道。

统筹发展和安全　　打好转危为机战略主动战

统筹发展和安全，增强忧患意识，做到居安思危，是我们党治国理政的一个重大原则。习近平总书记强调："坚持发展和安全并重，实现高质量发展和高水平安全的良性互动"。

面对突如其来的新冠肺炎疫情，以习近平同志为核心的党中央坚持人民至上、生命至上，以科学之策应对非常之难，以办好发展和安全两件大事的非凡实践，团结带领亿万人民打好高效统筹疫情防控和经济社会发展之战——

一手抓防疫，坚持外防输入、内防反弹，坚持科学精准、动态清零不动摇；一手抓发展，坚持稳字当头、稳中求进，扎实做好"六稳"工作，全面落实"六保"任务。

疫情发生以来，中国经济砥砺奋进，经济增速保持全球前列，"十四五"实现良好开局；截至目前，中国是世界主要大国中，新冠肺炎发病率最低、死亡人数最少的国家。中国最大限度保护了人民生命安全和身体健康，统筹经济发展和疫情防控取得世界上最好的成果。

处暑将至，放眼广袤田畴，各地不误农时抓好田间管理，确保秋粮和大豆油料稳产增产，确保全年粮食产量保持在1.3万亿斤以上。

保障国家粮食安全是一个永恒的课题,任何时候这根弦都不能松。

10年来,我国牢牢把住粮食安全主动权,坚持藏粮于地、藏粮于技战略,严守18亿亩耕地红线,累计建成9亿亩高标准农田,深入实施种业振兴行动,粮食产量连续7年稳定在1.3万亿斤以上,实现谷物基本自给、口粮绝对安全。

能源安全是关系经济社会发展的全局性、战略性问题。

我国以年均约2.9%的能源消费增长支撑了6.2%的国民

2022年6月7日,在山东省惠民县桑落墅镇,农民驾驶农机收获小麦。(新华社记者郭绪雷摄)

经济增长，构建起清洁低碳、安全高效的能源体系。

2021年平均煤矿单井规模比2012年提高一倍以上，天然气产量比2012年增长近一倍，原油产量连续10年保持2亿吨左右；"北煤南运""西煤东运"能力显著增强，油气基础设施网络基本成型；煤炭消费比重从2014年的65.8%降至2021年的56%，清洁能源消费比重从16.9%上升到25.5%……

2021年5月16日拍摄的浙江舟山北部海域的中广核岱山4号海上风电场。（新华社发 姚峰摄）

国际能源市场波动加剧，我国立足以煤为主的基本国情，有序释放煤炭优质产能，加快大型风电光伏基地建设，形成有效抵御国际能源价格大幅波动的"防火墙"。

图为2022年6月8日在海西蒙古族藏族自治州德令哈市光伏（光热）产业园拍摄的青海中控德令哈50兆瓦光热电站。（新华社记者 范培珅摄）

备豫不虞，为国常道。

着眼长远夯实产业链供应链稳定安全，5G、基础软件、工业母机等领域关键核心技术攻关步伐加快；

防范化解重大金融风险攻坚战取得重要阶段性成果，高风险影子银行规模较历史峰值压降约25万亿元，过去10年累计消化不良资产16万亿元；

重视解决好水安全问题，网络安全保障体系和能力建设全面加强，污染防治攻坚战阶段性目标胜利完成……

图为2021年11月20日在武汉中国光谷科技会展中心拍摄的"5G+工业互联网成果展"现场。（新华社记者伍志尊摄）

面对严峻复杂的国际形势和接踵而至的巨大风险挑战，中国坚持底线思维，打好化险为夷、转危为机的战略主动战，保持了经济持续健康发展和社会大局稳定。

锚定高质量发展　着力构建新发展格局

高质量发展，是新时代中国经济发展的鲜明主题。

百年变局与世纪疫情交织叠加，积极应对外部环境变化带来的冲击挑战，关键在于办好自己的事，推动中国经济在高质量发展的轨道上坚定前行。

7月31日,载有50个集装箱光伏产品的X8059次中欧班列准时驶出沈阳东站,前往德国杜伊斯堡。

累计开行超5.7万列、货值近3000亿美元——截至今年7月底,中欧班列共铺画82条运输线路,通达欧洲24个国家196个城市,成为畅通国内国际双循环的贸易"大通道"。

2022年6月23日,在重庆团结村中心站,铁路工作人员从中欧班列(重庆)第10000列列车旁走过。当日,第10000列中欧班列(重庆)从重庆团结村中心站顺利驶出,奔赴德国杜伊斯堡。(新华社记者黄伟摄)

针对国际形势深刻演变,习近平总书记提出加快构建以国内大循环为主体、国内国际双循环相互促进的新发展格局,指出"这是把握未来发展主动权的战略性布局和先手棋"。

引江补汉工程开工,深中通道稳步建设……当下不断推进的重大工程，持续为构建新发展格局打通经络，为高质量发展夯实基础。

今年4月召开的中央财经委员会第十一次会议研究全面加强基础设施建设、构建现代化基础设施体系，为全面建设社会主义现代化国家夯基垒石。

大国经济空间广阔，关键在于经济循环畅通无阻。

图为2022年6月21日拍摄的位于上海外高桥保税区的中国（上海）自由贸易试验区标志"海鸥门"。（新华社记者方喆摄）

10年来，我国持续深化供给侧结构性改革，坚定实施扩大内需战略；京津冀协同发展、长江经济带发展、粤港澳大湾区建设、长三角一体化发展、黄河流域生态保护和高质量发展等区域重大战略渐次铺开；以人为核心的新型城镇化和

2022年6月7日拍摄的深中通道伶仃洋大桥东塔、西人工岛及远处的深圳市区。(新华社记者邓华摄)

乡村振兴同频共振……超大规模市场潜力持续释放。

社会主义基本经济制度不断完善,社会主义市场经济体制更加成熟定型,扎实推进高标准市场体系建设,加快建设全国统一大市场;自贸试验区和自贸港建设蓝图变实景,共建"一带一路"取得实打实、沉甸甸的成果,区域全面经济伙伴关系协定正式生效,进博会等开放平台全球瞩目……

伟大的里程碑

推动更深层次改革,实行更高水平开放,为构建新发展格局提供强大动力。

踔厉奋发,勇毅前行。

展望新征程,以习近平同志为核心的党中央团结带领亿万人民,坚定不移走高质量发展之路,以前所未有的坚定决

图为 2021 年 5 月 13 日拍摄的山东黄河三角洲国家级自然保护区景色。(新华社记者 郭绪雷 摄)

坚定不移走高质量发展之路

心和奋进步伐向时代宣示:"中国经济发展前景一定会更加光明"!

(新华社北京 2022 年 8 月 22 日电 新华社记者安蓓、申铖、魏玉坤)

改革不停顿
开放不止步

——新时代全面深化改革开放述评

"改革开放是当代中国发展进步的必由之路,是实现中国梦的必由之路。"

党的十八大以来,以习近平同志为核心的党中央统筹国内国际两个大局,以前所未有的决心和力度推动许多领域实现历史性变革、系统性重塑、整体性重构,领导全党全国人民开创了改革开放新局面。

关键一招:"推动新时代改革开放走得更稳、走得更远"

走进绿意盎然的深圳前海石公园,一块宛如"扬帆启航"造型的巨石上,镌刻着"前海"两个大字。

2021年7月15日在广东省深圳市前海拍摄的前海石。(新华社记者毛思倩摄)

从这里远眺,昔日滩涂如今已是一派勃勃生机:拔地而起的一座座高楼不断改写着天际线,见证这一"特区中的特区"成为新时代改革开放再出发的"桥头堡"。

2012年12月,党的十八大后习近平总书记离京考察首站就来到深圳前海,作出"改革开放是决定当代中国命运的关键一招"的重要论断。6年后,庆祝改革开放40周年大会上,习近平总书记话语坚定:"坚持方向不变、道路不偏、力度不减,推动新时代改革开放走得更稳、走得更远"。

突出制度建设这条主线,推动各方面制度更加成熟更加定型——

2013年11月,具有划时代意义的党的十八届三中全会通过了《中共中央关于全面深化改革若干重大问题的决定》,首次提出全面深化改革的总目标——完善和发展中国特色社会主义制度,推进国家治理体系和治理能力现代化。

既有"破"的魄力,更有"立"的担当。

2019年10月,党的十九届四中全会,对"坚持和完善中国特色社会主义制度、推进国家治理体系和治理能力现代化"这个重大问题专门研究并作出决定,为推动各方面制度更加成熟更加定型明确了时间表、路线图。

党的领导制度体系、人民当家作主制度体系、中国特色社会主义法治体系等13个方面的制度,构筑中国特色社会主义的制度图谱,奠定了"中国之治"的制度基石。

以领导组织方式的变革,将制度优势转化为治理效能——

将党的领导贯穿改革全过程。2013年12月,我们党历史上首次在党中央层面设置专司改革工作的领导机构——中央全面深化改革领导小组，并在党的十九大后改为中央全面深化改革委员会。

党的十八大以来，党中央已召开60多次中央深改领导小组和中央深改委会议，部署了一系列重大改革事项，点面结合、统筹兼顾，促动制度建设形成整体合力。

2021年5月26日在海南洋浦经济开发区拍摄的洋浦国际集装箱码头。（新华社记者蒲晓旭摄）

2018年2月，党中央部署深化党和国家机构改革，被认为是新时代中国政治体制改革的重大标志。经济体制改革不断完善，政治体制改革稳步推进，文化体制改革创新发展，社会体制改革全面推进，生态文明体制改革加快推进，党的建设制度改革扎实推进，纪律检查体制改革取得重要阶段性成果，国防和军队改革取得历史性突破……

风雷激荡的新时代改革开放大潮中，一系列基础性制度体系基本形成，中国特色社会主义制度更加成熟更加定型，国家治理体系和治理能力现代化水平不断提高，党和国家事业焕发出新的生机活力。

闯关夺隘："推动改革和发展深度融合、高效联动"

改革是解放和发展社会生产力的关键，是推动国家发展的根本动力。

"紧扣贯彻新发展理念、推进高质量发展、构建新发展格局，紧盯解决突出问题，提高改革的战略性、前瞻性、针对性，使改革更好对接发展所需、基层所盼、民心所向，推动改革和发展深度融合、高效联动"。

2020年11月2日，习近平总书记主持召开中央全面深化改革委员会第十六次会议时的重要讲话，精辟阐明了改革和发展的深刻内涵和辩证关系，指引我们在新形势下不断把改革向纵深推进，实现更高质量的发展。

直面时代课题，破除发展瓶颈。

中国空间站首个科学实验舱问天实验舱顺利升空，长征系列运载火箭成功发射多颗卫星，六架 C919 大飞机完成全部试飞任务……刚刚过去的 7 月，重大科技成果接踵而至。

2022 年 7 月 24 日，搭载问天实验舱的长征五号 B 遥三运载火箭，在我国文昌航天发射场点火发射。（新华社记者李刚摄）

党的十八届五中全会提出创新、协调、绿色、开放、共享的新发展理念，开启一场关系全局的深刻变革。围绕贯彻新发展理念，全面深化改革从制约高质量发展的突出问题和关键环节入手，重点突破、全面布局。

加快实施创新驱动发展战略，143 项科技体制改革部署破立并举，推动我国全球创新指数排名从第 34 位跃升至第 12 位；全面深化生态文明体制改革，出台"史上最严"环保法；以区域协调发展战略经略城乡区域格局，发展空间进一步拓展……用好改革关键一招，我国经济发展平衡性、协调性、可持续性明显增强，迈上更高质量的发展之路。

向关键处挺进，以改革开放激发发展活力。

深入推进"放管服"改革，分16批取消下放逾千项行政许可事项，为市场主体松绑减负。我国登记在册的市场主体总数由2012年的近5500万户增加到2022年6月底的1.61亿户，市场主体活跃度大幅提升。

深化经济体制改革，使市场在资源配置中起决定性作用和更好发挥政府作用；以推进供给侧结构性改革为主线，更多通过改革的办法推进质量变革、效率变革、动力变革……向改革开放要动力，我国发展的竞争力正在不断增强。

保持战略定力，重塑发展优势。

置身世界百年未有之大变局，面对逆全球化思潮，以习近平同志为核心的党中央提出构建新发展格局，在立足扩大内需战略基点的同时，打造更高水平开放型经济新体制，在开放发展中把握战略主动。

从举办广交会、消博会、服贸会、进博会到实施《区域全面经济伙伴关系协定》；从在全国设立21个自贸试验区，到海南自由贸易港启航；缩减外资准入负面清单，有序扩大电信、医疗等服务业领域开放，施行外商投资法和优化营商环境条例……

2019年3月15日,十三届全国人大二次会议在北京人民大会堂举行闭幕会。大会通过外商投资法。(新华社记者刘彬摄)

在战略上布局，在关键处落子。

深圳建设中国特色社会主义先行示范区，海南加快建设具有世界影响力的中国特色自由贸易港，上海浦东打造社会主义现代化建设引领区……一个个新地标书写新时代改革开放新篇章。

人民至上："促进社会公平正义，让改革发展成果更多更公平惠及全体人民"

"我们党推进全面深化改革的根本目的，就是要促进社会公平正义，让改革发展成果更多更公平惠及全体人民。"

党的十八大以来，以习近平同志为核心的党中央坚持以人民为中心的发展思想，推动改革发展成果更多更公平惠及全体人民，凝聚起新时代全面深化改革开放的强大力量。

从群众最期盼的领域改起，解决人民群众急难愁盼问题。

北京大学第一医院儿科三病房内，罕见病患儿果果注射了特效药诺西那生钠。历经两轮9次医保集采谈判，该注射液价格由每支70万元降至3.3万元，并进入新医保目录。

十年来，我国持续深化医药卫生体制改革，破除以药补医"顽疾"。已开展的7批集采中选药品平均降价超过了50%，两批耗材集采平均降价超过80%，累计降低百姓用药

2020年11月18日,福建省三明市第一医院的医保办工作人员(右)向前来咨询药品报销问题的居民讲解相关政策。(新华社记者姜克红摄)

负担约3000亿元。

人民有所呼、改革有所应。

建机制、扫障碍、破难题,户籍制度改革有序推进,每年超过千万的农村人口落户城镇;垃圾分类、清洁取暖、厕所革命……一桩桩民生"小事",一次次成为改革发力点,一步步提升民生温度。

通过制度安排更好保障人民群众各方面权益,推动社会公平正义不断提升。

山东日照市重度残疾农民崔大叔,由政府代缴了城乡居民养老保险费,首次领上了国家给的养老金,"生活有了保障"。

2017年至今，我国共为1.6亿多人次困难人员代缴城乡居民养老保险费177亿元，超3000万困难老人享受养老保险待遇。

社会救助体系基本建立，每年近5000万困难群众得到基本生活救助；改革完善住房制度，累计建设各类保障性住房和棚改安置住房8000多万套，帮助2亿多困难群众改善住房条件；推动城乡义务教育一体化发展；深化司法体制改革，努力让人民群众在每一个司法案件中感受到公平正义……

顺应人民对美好生活的向往，充分激发人民群众创造伟力。

改革的成果，由所有人分享，改革的伟大历程，也由每一个人参与和见证。

浙江个体工商户刘女士办理营业执照"最多跑一次"；北京市民张先生深有感受的改革，是个税抵扣为赡养老人、抚养幼儿减负；对广州外卖骑手小董来说，改革让自己有了职业伤害保障……

党的十八届三中全会确立的2485个改革方案，涉及衣、食、住、行、教育、医疗、养老等各个环节，让人民群众有更多、更直接、更实在的获得感、幸福感、安全感，激活了生产力中最活跃的因素，释放出了蕴藏于亿万人民的巨大活力。

改革开放已走过千山万水，但仍需跋山涉水。

伟大的里程碑

迈步新征程,在以习近平同志为核心的党中央坚强领导下,汇聚14亿多中国人民的磅礴力量,我们有信心将改革开放进行到底,不断实现人民对美好生活的向往,继续创造让世界刮目相看的新的更大奇迹!

(新华社北京2022年8月24日电 新华社记者姜琳、谢希瑶、潘洁)

2019年8月12日拍摄的内蒙古阿尔山市一处棚改集中安置点。(新华社记者刘磊摄)

改革不停顿　开放不止步

扎实推进全过程人民民主

——新时代发展中国特色社会主义民主政治述评

"人民当家作主是社会主义民主政治的本质和核心。人民民主是社会主义的生命。"

党的十八大以来,以习近平同志为核心的党中央深化对民主政治发展规律的认识,提出全过程人民民主的重大理念,为社会主义政治文明发展提供指引和遵循。全过程人民民主在中华大地展示出勃勃生机和强大生命力,社会主义民主政治新画卷徐徐铺展……

举旗定向,不断发展全过程人民民主

2021年冬日的一天,上海市长宁区虹桥街道基层立法联系点,基层体育工作者、运动员、高校老师等围坐在一起,就体育法修订草案积极发表意见。

2021年11月26日,上海虹桥街道基层立法联系点召开《中华人民共和国体育法(修订草案)》意见征询座谈会。(新华社记者刘颖摄)

作为汇聚民意民智的"直通车",全国人大常委会法工委设立的基层立法联系点截至2022年7月已达到22个,覆盖全国三分之二省份。来自基层的意见,被原汁原味地直接反馈到最高立法机关，这正是全过程人民民主的真实写照。

2019年11月2日，习近平总书记来到虹桥街道，同正在参加立法意见征询的社区居民代表亲切交流，明确指出："我们走的是一条中国特色社会主义政治发展道路，人民民主是一种全过程的民主"。

民主，全人类的共同价值，中国共产党和中国人民始终不渝坚持的重要理念。全过程人民民主，是人民当家作主的生动实践和必由之路。

"我国全过程人民民主实现了过程民主和成果民主、程序民主和实质民主、直接民主和间接民主、人民民主和国家意志相统一，是全链条、全方位、全覆盖的民主，是最广泛、最真实、最管用的社会主义民主。"

2021年10月，习近平总书记出席党的历史上首次召开的中央人大工作会议并发表重要讲话，系统阐释全过程人民民主重大理念和实践，对不断发展全过程人民民主作出重大部署、提出明确要求。

道路决定命运，旗帜引领方向。

党的十八大以来，党中央对发展全过程人民民主的认识更加深刻、路径更加清晰。党的十八届三中全会提出"更加注重健全民主制度、丰富民主形式"，党的十九大报告强调"保证人民依法实行民主选举、民主协商、民主决策、民主管理、民主监督",党的十九届四中全会明确"坚持和完善人民当家作主制度体系,发展社会主义民主政治"……

2020年8月,"十四五"规划建议起草过程中,我们党在五年规划编制史上首次开展"网络问计"。广大网民提出的意见建议为文件起草工作提供了有益参考,有的意见被直接吸收采纳。一位网名"云帆"的网友,提交的关于"互助性养老"的建言就最终化为规划纲要的具体举措。

2022年4月15日,党的二十大相关工作网络征求意见活动正式启动,得到广大人民群众广泛关注和参与,一个月内累计收到网民建言超过854.2万条,为党的二十大相关工作提供了有益参考。

政之所兴在顺民心,政之所废在逆民心。

党中央印发关于新时代坚持和完善人民代表大会制度、加强和改进人大工作的意见,制定关于加强社会主义协商民主建设的意见,召开或委托有关部门召开政党协商会议就重大问题同党外人士真诚协商……

十年来,我国社会主义民主政治制度化、规范化、程序化全面推进,中国特色社会主义政治制度优越性得到更好发挥,生动活泼、安定团结的政治局面得到巩固和发展。

夯基固本，用制度体系保证人民当家作主

习近平总书记强调，保证和支持人民当家作主不是一句口号、不是一句空话，必须落实到国家政治生活和社会生活之中，保证人民依法有效行使管理国家事务、管理经济和文化事业、管理社会事务的权力。

立治有体，施治有序。

十年来，人民代表大会制度更加成熟、更加定型，为发展全过程人民民主提供更加可靠的制度保障。

2021年底，山东省济宁市任城区济阳街道京杭社区的楼长们，正忙着县乡两级人大换届选举工作。

90多栋楼，常住人口6000多人……楼长们进家入户，把换届选举的要求、程序及时告诉居民，确保选出人民满意的代表。

这一轮全国县乡两级人大换届选举，10亿多选民一人一票，以直接选举方式产生了260多万名县乡两级人大代表，这是全过程人民民主的生动实践。

如今，在我国五级人大代表中，由10亿多选民直接选举产生的县乡两级人大代表，占到代表总数的90%以上。

坚持和完善根本政治制度，支持和保证人民通过人民代表大会行使国家权力。十年来，人民代表大会制度相关法律

修改完善，夯实发展全过程人民民主的法治保障；全国人大常委会出台35条具体措施，推进代表工作制度化、规范化、常态化；建立国务院向全国人大常委会报告国有资产管理情况制度等，完善人大监督制度和工作机制……

2021年12月14日，村民在浙江省杭州市临安区湍口镇迎丰村的基层投票点领取选票参加基层人大换届选举投票。（新华社记者徐昱摄）

2020年6月23日，全国政协常委会会议在京召开。四川省政协委员、凉山彝族自治州扶贫开发局局长王永贵以视频连线方式，交流脱贫攻坚的最新进展。

这是全国政协首次在常委会会议中采用联动协商形式进行讨论，为委员更有效反映基层声音提供更丰富更便捷的渠道。

18次专题议政性常委会会议，20次专题协商会，140次双周协商座谈会，16次网络议政远程协商会，51次专家协商会……全国政协2022年8月16日发布的一组数据，验证了协商议政途径的不断拓宽，展现全过程人民民主的强大生命力。

制定《中国共产党政治协商工作条例》，提高政治协商工作的科学化、制度化、规范化水平；修改政协章程，强化团结奋斗的共同思想政治基础；各党派团体、各族各界人士对国家大政方针、经济社会各领域重要问题进行广泛协商……

2021年11月19日，政协委员、政府部门代表、物业代表等在广州市政协"有事好商量"民生实事协商平台，围绕加强装修垃圾管理议题展开协商。（新华社发 庄小龙摄）

十年来，中国共产党领导的多党合作和政治协商制度进一步完善，社会主义协商民主广泛多层制度化发展，形成中国特色协商民主体系。

人民是国家的主人，民心是最大的政治。

坚持巩固基层政权，完善基层民主制度，完善办事公开制度，保障人民知情权、参与权、表达权、监督权；

坚持和完善民族区域自治制度，坚定不移走中国特色解决民族问题的正确道路；

完善大统战工作格局，努力寻求最大公约数、画出最大同心圆，汇聚实现中华民族伟大复兴的磅礴力量；

……

一系列制度安排，全方位、全链条、全覆盖切实保障人民当家作主，推进国家治理体系和治理能力现代化迈出坚实步伐。

广泛真实，全过程人民民主好用管用

民主不是装饰品，不是用来做摆设的，而是要用来解决人民要解决的问题的。

习近平总书记明确指出，我们要继续推进全过程人民民主建设，把人民当家作主具体地、现实地体现到党治国理政的政策措施上来，具体地、现实地体现到党和国家机关各个方面各个层级工作上来，具体地、现实地体现到实现人民对美好生活向往的工作上来。

安徽省淮北市濉溪县临涣镇,林立的茶馆天蒙蒙亮便开门迎客。

600多年来,临涣人饮茶的习俗代代沿袭,"饮茶议事"成为小镇居民的传统。2017年,临涣镇人大主席团在茶馆挂牌成立"人大代表谈心室",为群众交心谈心、提出建议、化解矛盾提供场所。

"在茶馆里有啥话想说就说,也敢说。"一位年逾古稀的村民说,自己提出的建议,很快就会有回应,这让他觉得说话"管用"。

落实全过程人民民主的过程,就是实现全面的、有效的

2022年7月21日,在浙江省湖州市长兴县吕山乡龙溪村的议事公园内,田园议事会成员开展讨论协商。(新华社记者徐昱摄)

人民民主的过程，就是尊重人民主人翁地位，充分调动人民积极性、主动性、创造性，不断增强党和国家生机活力的过程。

十年来，已有217件次法律草案向社会公布征求意见，收到120多万人次提出的380多万条意见建议；

近五年全国人大代表提出的4648件议案、84028件建议做到件件有回音、有落实；

十年来，全国政协收到提案58000多件，一大批意见建议被采纳；

……

"民主"与"民心"相通，全过程人民民主广泛而真实。

2022年春节前夕，北京市东城区前门草厂四条44号院内，一阵铃声过后，"小院议事厅"再次热闹起来。

社区书记、小巷管家、居民代表、物业公司负责人围坐在长条桌前，你一言我一语，为"绿色冬奥"出谋划策。

探索民情直通车、民主听证会、民主议政会机制汇聚民声民智，开设"立法直通车""小院议事厅"、线上"议事群"……十年来，一项项生动的民主实践，为全过程人民民主不断注入新的活力。

城乡社区民主管理让百姓充分参与基层公共事务和公益事业管理，政府部门广开言路让重大行政决策更加顺应民意，各级巡视巡察机构畅通反映问题渠道……国家事务和社会事

2020年6月19日，江苏省张家港市永联村永全社区的居民代表在村议事厅民主协议社区环境整治问题。（新华社记者杨磊摄）

务充分听取百姓意见，回应群众期盼。

众智谋事必明，众力举事必成。

在以习近平同志为核心的党中央坚强领导下，扎实推进全过程人民民主，不断发展具有强大生命力的社会主义民主政治，中国的民主之路越走越宽广。

（新华社北京2022年8月29日电　新华社记者罗沙、任沁沁、齐琪）

迈出法治中国建设新步伐

——新时代推进全面依法治国述评

"全面推进依法治国是关系我们党执政兴国、关系人民幸福安康、关系党和国家长治久安的重大战略问题,是完善和发展中国特色社会主义制度、推进国家治理体系和治理能力现代化的重要方面。"

党的十八大以来,以习近平同志为核心的党中央明确提出全面依法治国,并将其纳入"四个全面"战略布局予以有力推进。我国社会主义法治建设发生历史性变革、取得历史性成就,党对全面依法治国的领导更加坚强有力,全面依法治国总体格局基本形成,全面依法治国实践取得重大进展。

谋篇布局　立柱架梁——党运用法治方式领导和治理国家的能力显著增强，开辟全面依法治国新境界

2012年12月4日，北京人民大会堂。

习近平总书记出席首都各界纪念现行宪法公布施行30周年大会，明确提出"要更加注重发挥法治在国家治理和社会管理中的重要作用，全面推进依法治国，加快建设社会主义法治国家"。

奉法者强则国强。党的十八大以来，以习近平同志为核心的党中央从坚持和发展中国特色社会主义的全局和战略高度定位法治、布局法治、厉行法治。

这是我国社会主义法治建设史上具有里程碑意义的两个"首次"——

2014年10月，党的十八届四中全会首次以中央全会形式专门研究全面依法治国，部署180多项重大改革举措，全面依法治国顶层设计和战略部署全面展现在世人眼前。

2020年11月，党的历史上首次召开中央全面依法治国工作会议。会议强调，要认真学习领会习近平法治思想，吃透基本精神、把握核心要义、明确工作要求，切实把习近平

法治思想贯彻落实到全面依法治国全过程。

宣示坚定不移走中国特色社会主义法治道路；阐明中国特色社会主义法治体系的科学内涵；明确全面依法治国的基本框架和总体布局；正确处理政治和法治、改革和法治、依法治国和以德治国、依法治国和依规治党的关系……党的十八大以来，全面依法治国顶层设计更加完善。

党的领导，是我国社会主义法治之魂。

2021年8月7日，青海省果洛藏族自治州班玛县人民法院巡回法庭成员前往班玛县灯塔乡班前村提供法律服务。（新华社记者张龙摄）

组建中央全面依法治国委员会，加强党对全面依法治国的集中统一领导，统筹推进全面依法治国工作；制定出台《中国共产党政法工作条例》，把党长期以来领导政法工作的成功经验转化为制度成果；依法治省（市、县）委员会全面设立，加强各地法治建设的组织领导、统筹协调……党对全面依法治国的领导更加坚强有力。

《法治中国建设规划（2020-2025年）》《法治政府建设实施纲要（2021-2025年）》《法治社会建设实施纲要（2020-2025年）》构建起法治中国建设的"四梁八柱"。"一规划两纲要"，确立了"十四五"时期全面依法治国总蓝图、路线图、施工图，标志着新时代全面依法治国的总体格局基本形成。

保障善治 促进发展——中国特色社会主义法治体系不断完善，推进国家治理体系和治理能力现代化

习近平总书记指出，我们要坚持走中国特色社会主义法治道路，加快构建中国特色社会主义法治体系，建设社会主义法治国家。

2018年3月，十三届全国人大一次会议表决通过的宪法修正案中，"健全社会主义法制"改为"健全社会主义法治"。

从"制"到"治"一字之变，反映法治建设从法律体系向囊括立法、执法、司法、守法各环节的法治体系全面提升。

良法是善治之前提。十年来，通过宪法修正案，制定民

2021年8月17日，江西芦溪县宣风镇珠亭村人民调解员阳昌绍（中）为珠亭村的百姓宣讲民法典知识。（新华社记者胡晨欢摄）

法典、外商投资法、国家安全法、监察法等法律，修改立法法、国防法、环境保护法等法律，加强重点领域、新兴领域、涉外领域立法……以宪法为核心的中国特色社会主义法律体系更加完善。

"徒法不能以自行。"全面推进依法治国，必须坚持公正司法。

"100-1=0"——"一个错案的负面影响足以摧毁九十九个公正裁判积累起来的良好形象。执法司法中万分之一的失误，对当事人就是百分之百的伤害。"习近平总书记的话语振聋发聩。

让人民群众在每一个司法案件中都感受到公平正义。呼格吉勒图案、聂树斌案、张文中案等一批冤错案被依法纠正，以审判为中心的刑事诉讼制度改革守住防范冤错案底线；司法责任制改革"让审理者裁判、由裁判者负责"；出台规定防止领导干部干预司法"批条子""打招呼"……一系列举措环环相扣，维护社会公平正义的根基不断夯实。

以法为纲，崇法善治。

加快形成完备的法律规范体系、高效的法治实施体系、严密的法治监督体系、有力的法治保障体系，形成完善的党内法规体系……十年来，中国特色社会主义法治体系不断健全，法治中国建设迈出坚实步伐，法治固根本、稳预期、利长远的保障作用进一步发挥。

国家博物馆有一件特殊收藏品——109枚来自天津滨海新区的红色公章。简政放权改革以来，天津滨海新区将分散在18个单位的216项审批职责归至一个部门，实现"一颗印章管审批"，原有109枚公章就此封存。

从"109"变成"1"背后，是以法治方式营造良好营商环境，

2014年11月15日，国家博物馆工作人员搬走天津滨海新区109枚封存审批公章。（新华社发　付文超摄）

促进高质量发展。

制定"权力清单"和"责任清单"，厘清政府权力边界；加强产权司法保护，营造风清气正的法治化营商环境……政府行为全面纳入法治轨道，激活了市场主体活力，激发了经济社会发展动能。

加强海南全面深化改革开放、京津冀协同发展、粤港澳大湾区建设等法治保障；健全防范化解重大金融风险法律制度，加强生态环境保护立法执法，制定实施乡村振兴促进法……支持重大改革，护航国家发展，一系列国家重大决策部署的实施推进都有法治的保障。

全面依法治国是一项长期而重大的历史任务，也是一场深刻的社会变革。十年间，加快建设中国特色社会主义法治体系和社会主义法治国家，推动法治中国建设迈向良法善治的更高境界。

为了人民 依靠人民——坚持法治建设以人民为中心，让亿万人民有更多获得感幸福感安全感

习近平总书记指出："全面依法治国最广泛、最深厚的基础是人民，必须坚持为了人民、依靠人民。要把体现人民利益、反映人民愿望、维护人民权益、增进人民福祉落实到全面依法治国各领域全过程。"

"现在庭审开始！"2020年2月4日，北京市第一中级人民法院。法官借助视频庭审平台"北京云法庭"，完成对一起民间借贷纠纷案件的法庭询问程序，而其中一方代理律

2020年2月10日,太原市中级人民法院法官采用"云间庭审"方式,对一起离婚纠纷案进行二审线上询问。(新华社发)

师正身处宁夏。

"微法院""云办案""指尖诉讼"……新冠肺炎疫情防控期间,司法机关案件办理从线下到线上,保障公平正义"不打烊",更好满足人民群众司法需求。

十年来,法治中国建设始终聚焦群众所急所需所盼,以法治之力保障人民美好生活。

曾经的"立案难"变成"有案必立、有诉必理",曾经办事"跑断腿"变成"异地可办、一网通办",行政诉讼渠道更加通畅，法律服务更加方便快捷……党的十八大以来，法治中国建设步履铿锵，让人民群众切实感受到社会主义法治的温暖与便利。

2021年12月的一天，辽宁本溪市民陈宇收获了一个"小惊喜"。

在本溪北地派出所民警引导下，他通过自助体检机完成了机动车驾驶人检测项目。"以前做检测要跑去郊区的车管所，现在下楼就能办，真是太方便了。"陈宇高兴地说。

发生在群众身边的"小变化"，源自法治政府建设的"大实效"。

2021年12月10日，在辽宁省本溪市公安局北地派出所民警指导下，市民通过自助体检机完成机动车驾驶人检测项目。（新华社发）

2020年11月23日，在长春市二道区政务服务中心辅助填报区，市民在工作人员的辅助下进行事项填报。近年来，长春市二道区多措并举持续推进营商环境建设，搭建涵盖企业开办各类事项的"一门式、一张网"综合服务平台，创新优化政务服务举措、效能和环境，助推区域经济发展。（新华社记者许畅摄）

从深入推进"放管服"改革，非行政许可审批事项全部取消；到持续开展"减证便民"，推动各地区各部门清理证明事项 2.1 万多项；再到深化综合行政执法改革，全面推行行政执法"三项制度"……法治政府建设让人民群众有了更多更实在的获得感。

法治的真谛，在于全体人民的共同信仰。

"领导干部要做尊法的表率，带头尊崇法治、敬畏法律……"2021年12月3日，山东滨州市滨城区法治文化公园广场上，滨州市委全面依法治市办有关负责人宣读倡议，全体人员向宪法宣誓。

自 2018 年以来，我国已连续 4 年举办"宪法宣传周"活动，推动宪法法律精神走进基层、走向生活。

全面实行"谁执法谁普法"普法责任制，推动村民小组"法律明白人"全覆盖，"板凳法庭"将矛盾纠纷化解在百姓家门口，阳光议事厅助推社区"微治理"……尊法学法守法用法的社会氛围愈加浓厚，汇聚起法治中国建设的澎湃力量。

新征程上，在习近平法治思想的科学指引下，不断推进全面依法治国，必将为全面建设社会主义现代化国家、实现中华民族伟大复兴的中国梦提供有力法治保障。

（新华社北京 2022 年 8 月 31 日电 新华社记者熊丰、白阳）

2020年12月4日,河北衡水市人民检察院检察官助理刘学敏在衡水中学为学生们讲解宪法知识。(新华社记者王民摄)

夯实文化自信之基 提振民族复兴精气神

——新时代文化建设述评

"文化兴国运兴,文化强民族强。没有高度的文化自信,没有文化的繁荣兴盛,就没有中华民族伟大复兴。"

党的十八大以来,以习近平同志为核心的党中央高度重视文化建设,紧紧围绕社会主义文化强国目标,围绕举旗帜、聚民心、育新人、兴文化、展形象的使命任务,推动文化建设取得历史性成就、发生历史性变革。

新时代中国自信自强、守正创新的文化气度,中国人民团结奋斗、昂扬向上的精神风貌,铺就中华民族伟大复兴的浑厚底色。

坚定自信　增强凝聚力

首都北京，巍峨矗立的中国共产党历史展览馆，迎来络绎不绝的观展者。

这座承载百年峥嵘记忆、彰显新时代恢宏气象的殿堂里，一件件实物、一幅幅展板、一张张照片，勾勒出中国共产党人的精神谱系。

"一个民族的复兴需要强大的物质力量，也需要强大的精神力量。"党的十八大以来，以习近平同志为核心的党中央举旗定向、守正创新，坚持把马克思主义基本原理同中国具体实际相结合、同中华优秀传统文化相结合，为国家立心、为民族立魂，用文化之火照亮复兴之路，用中国精神

夯实文化自信之基　提振民族复兴精气神 ▶

图为 2021 年 6 月 18 日拍摄的中国共产党历史展览馆。（新华社记者岳月伟摄）

凝聚中国力量。

这是意识形态领域形势发生全局性、根本性转变的十年——

确立和坚持马克思主义在意识形态领域指导地位的根本制度，健全意识形态工作责任制，推动全党动手抓宣传思想工作，守土有责、守土负责、守土尽责，敢抓敢管、敢于斗争，旗帜鲜明反对和抵制各种错误观点；

召开全国宣传思想工作会议，分别召开文艺工作、党的新闻舆论工作、网络安全和信息化工作、哲学社会科学工作座谈会和全国高校思想政治工作会议，就一系列根本性问题阐明原则立场；

推动读原著、学原文、悟原理，编辑出版《习近平谈治国理政》第一至第四卷和《习近平新时代中国特色社会主义思想学习纲要》等权威读本，创新理论传播方式方法，建强理论研究宣传阵地，让党的创新理论"飞入寻常百姓家"……

牢牢掌握意识形态工作领导权，建设具有强大凝聚力和引领力的社会主义意识形态，思想文化领域向上向好态势不断发展。

这是全社会凝聚力向心力极大提升的十年——

"请党放心、强国有我！"2021年7月1日，铿锵有力的誓言回响在天安门广场，更激荡在亿万中华儿女心中。

夯实文化自信之基　提振民族复兴精气神

2021年7月1日上午,庆祝中国共产党成立100周年大会在北京天安门广场隆重举行。这是共青团员和少先队员代表集体致献词。(新华社记者陈晔华摄)

庆典庄严,人民豪迈。

从庆祝中国共产党成立100周年、中华人民共和国成立70周年、改革开放40周年,到全面建成小康社会、北京冬奥会和冬残奥会……重要庆典活动、重大历史时刻,党心民心交融、国威军威彰显,汇聚起坚不可摧的磅礴伟力。

十年来,坚持以社会主义核心价值观引领文化建设,注重用社会主义先进文化、革命文化、中华优秀传统文化培根铸魂,广泛开展群众性主题宣传教育,全面铺开新时代文明实践中心建设……全党全国各族人民团结奋斗的共同思想基础更加巩固。

2022年4月7日，在贵州省黔东南苗族侗族自治州丹寨县宁航蜡染非遗工坊，服饰设计师在设计蜡染产品。（新华社发 黄晓海摄）

十年来，聚焦互联网这个意识形态斗争的主阵地、主战场、最前沿，健全互联网领导和管理体制，坚持依法管网治网，营造清朗的网络空间……亿万民众共同的精神家园不断汇聚更加强劲的正能量。

十年来，推动媒体融合发展，加快国际传播能力建设，向世界讲好中国故事，传播好中国声音……国家文化软实力、中华文化影响力明显提升。

新时代舞台上，奏响"人民有信仰，民族有希望，国家有力量"的雄浑乐章。

文化为民　回应新期待

8年前,习近平总书记在文艺工作座谈会上强调:"社会主义文艺,从本质上讲,就是人民的文艺。文艺要反映好人民心声,就要坚持为人民服务、为社会主义服务这个根本方向。"

人民在哪里,哪里就是中心;生活在哪里,哪里就是舞台。响应总书记号召,广大文艺工作者深入生活、扎根人民,潜心创作、深耕不辍,努力登高原、攀高峰,新时代中国文艺事业格局一新、境界一新、气象一新——

2022年8月4日,在山东省日照市东港区涛雒镇东南营村新时代文明实践站,老党员秦玉山给学生讲"红船故事"。(新华社记者范长国摄)

《乡村国是》《十八洞村的十八个故事》等报告文学真实生动地讲述脱贫攻坚故事；《山海情》《人世间》《我和我的祖国》等现实题材优秀影视作品广受关注；歌曲《坚信爱会赢》、电视剧《在一起》、话剧《护士日记》等讴歌抗疫一线各行各业凡人英雄的事迹……有温度、有筋骨、有力量的优秀作品层出不穷，激发情感共鸣，提振精神力量。

把满足人民精神文化需求作为文艺和文艺工作的出发点和落脚点，"到人民中去""送欢乐下基层"等志愿服务活动火热开展，让文艺之光照亮基层。

坚持以人民为中心的工作导向，回应人民群众新需求新期待，十年来，我国深化文化改革发展，文化领域供给侧结构性改革深入推进，文化产品和服务更丰富、更便捷、更"对味"。

——实施文化惠民工程，公共文化服务体系更加健全。截至2021年底，全国共有广播电视播出机构2542个，公共图书馆3215个，文化馆3316个，博物馆6183个。到目前为止，实现了所有公共图书馆、文化馆、美术馆、综合文化站和大部分博物馆免费开放。

——优化产品和服务供给，建设国家公共文化云、智慧广电、智慧图书馆等。2021年，全国公共图书馆实际持证的读者达到1.03亿人，群众文化机构服务人次8亿多，全国博

夯实文化自信之基 提振民族复兴精气神

2022年8月24日,游客在位于河南省安阳市的中国文字博物馆内观看展览。(新华社记者吴刚摄)

2021年8月21日,读者在河北省石家庄市藁城区人民广场"24小时智慧图书馆"内阅读。(新华社记者骆学峰摄)

2021年5月11日,在江西省井冈山茨坪毛泽东同志旧居,"小红军宣讲团"的团长余梓洋给前来参观研学的学生们进行义务讲解。(新华社记者彭昭之摄)

物馆举办展览 3.6 万场、教育活动 32 万场,接待观众近 8 亿人次。

——深入推进文旅融合,旅游的文化内涵不断丰富、文化品质持续提升。历史文化类景区由 2012 年的 2064 个增加到 2021 年的 4111 个。红色旅游深入开展,成为传承红色基因、接受红色精神洗礼的生动课堂。

坚持与时代同步伐、以人民为中心、以精品奉献人民、用明德引领风尚，新征程上，文化"为人民"的旗帜愈发鲜艳。

守正创新　铸就新辉煌

"泱泱中华，历史悠久，文明博大。中华民族在几千年历史中创造和延续的中华优秀传统文化，是中华民族的根和魂。"

习近平总书记站在增强历史自觉、坚定文化自信、实现民族复兴的高度，为赓续中华文脉注入固本培元、立根铸魂的思想力量。

从"保护文物也是政绩"到"领导干部要多读一点历史"，从"让城市留住记忆，让人们记住乡愁"到"敬畏历史、敬畏文化、敬畏生态"……在习近平总书记倡导的科学理念指引下，登得上城楼、望得见古塔、记得住乡愁的文化长卷在中华大地徐徐展开。

正定古城重现北方雄镇风貌，鼓浪屿演绎万国建筑博物馆风情，"世遗之城"泉州讲述包容与开放的动人故事——当历史文脉融入现代生活，山水人文交汇成现代宜居之地，文化自信构筑起共有精神家园。

从中共中央政治局安排多次有关中国历史文化方面的集

图为 2021 年 6 月 4 日，蓝天白云掩映下的河北正定古城。（新华社记者朱旭东摄）

体学习,到"四史"宣传教育增强做中国人的志气、骨气和底气;从颁布《关于实施中华优秀传统文化传承发展工程的意见》首次以中央文件形式推动延续中华文脉、传承中华文化基因,到《复兴文库》《中华传统文化百部经典》编纂、出版,熔古铸今、激活经典;从全国各地设立 2500 余家非遗工坊助力脱贫攻坚、乡村振兴,到我国以 42 项联合国教科文组织非遗名录项目位居世界第一……

图为 2017 年 8 月 5 日拍摄的福建省厦门鼓浪屿"地标"建筑八卦楼。(新华社记者魏培全摄)

新的文化自觉助推收藏在博物馆里的文物、陈列在广阔大地上的遗产、书写在古籍里的文字活起来,丰富新时代历史文化滋养。

坚持创造性转化、创新性发展，以古人之规矩，开自己之生面。

壬寅年初，一场"冬奥之约"架起中华文明与世界文明交流互鉴的桥梁。开闭幕式饱含圆融和合等中国理念，二十四节气、黄河之水、折柳寄情……"冬奥梦"和"中国梦"精彩交织。

2022年7月23日，国家版本馆落成。聚焦文化种子"藏之名山、传之后世"，将古今中外载有中华文明印记的十大类版本资源纳入保藏范围，以史鉴今、启迪后人。

打造传承中华文明的历史文化标识，长城、大运河、长征、黄河、长江国家文化公园建设高质量推进。人们徜徉其间，感受国家伟大、历史震撼，体会静水深流、海纳百川。这将是又一幅盛世文化图景。

在以习近平同志为核心的党中央坚强领导下，阔步行进在不可逆转的复兴之路上，我们比历史上任何时期都更加坚定文化自信，更有信心更有能力铸就中华文化新辉煌。

（新华社北京2022年9月5日电　新华社记者周玮、史竞男、王鹏）

续写社会长期稳定奇迹

——新时代中国社会建设述评

"我们要牢记人民对美好生活的向往就是我们的奋斗目标,坚持以人民为中心的发展思想,努力抓好保障和改善民生各项工作,不断增强人民的获得感、幸福感、安全感,不断推进全体人民共同富裕。"

新中国成立以来,党领导人民创造了世所罕见的经济快速发展奇迹和社会长期稳定奇迹。党的十八大以来,在以习近平同志为核心的党中央坚强领导下,我国社会建设全面加强,人民生活全方位改善,社会治理社会化、法治化、智能化、专业化水平大幅度提升,发展了人民安居乐业、社会安定有序的良好局面,续写了社会长期稳定奇迹。

以人民为中心：全面小康一个也不能少

沐浴着秋日的阳光，赣深高铁线上一趟趟列车飞驰而过。

距离赣深高铁龙川西站仅十多分钟车程，便利的交通给广东河源市龙川县佳派村带来一派新气象。

佳派村党支部书记葛业显说，以前村里穷，垃圾靠风刮、污水靠日晒，村里留不住年轻人。"如今，环境变好了，交通顺畅了，村里还建起了花生产业园，看得见的好日子就在眼前！"

时光回溯。2012 年，中国农村尚有近 1 亿人口生活在扶贫标准线下，贫困发生率为 10.2%。国际经验表明，当一国贫困人口数占总人口的 10% 以下时，减贫就进入"最艰难阶段"。

小康路上，"一个都不能少"。习近平总书记把脱贫攻坚摆在治国理政的突出位置，亲自挂帅、亲自出征、亲自督战。25.5 万个驻

2021年10月14日,联调联试列车经过赣深高铁信丰特大桥。(新华社发 张海根摄)

村工作队、300多万名第一书记和驻村干部，同近200万名乡镇干部和数百万村干部一道奋战在扶贫一线。

打赢脱贫攻坚战，中国创造了彪炳史册的"脱贫奇迹"：现行标准下9899万农村贫困人口全部脱贫，832个贫困县全部摘帽，12.8万个贫困村全部出列。平均每年减贫1000多万人，相当于一个中等国家的人口。

在庆祝中国共产党成立100周年大会上，习近平总书记庄严宣告："经过全党全国各族人民持续奋斗，我们实现了第一个百年奋斗目标，在中华大地上全面建成了小康社会，历史性地解决了绝对贫困问题"。

图为2020年7月15日拍摄的江西省井冈山市神山村村民的笑脸（拼版照片）。（新华社记者彭昭之摄）

续写社会长期稳定奇迹

建设小康中国，一个都不能少；建设健康中国，同样一个都不能少。

党的十八大以来，我国不断完善疾病预防控制体制、体系建设，建成全球最大、横向到边、纵向到底的疾病和健康危险因素监测网络。

"人民至上、生命至上"。两年多来，面对来势汹汹的新冠肺炎疫情，以习近平同志为核心的党中央果断决策、沉着应对，始终坚持"把人民群众生命安全和身体健康放在第一位"。

五条技术路线同时启动疫苗研发，全民免费接种，在安

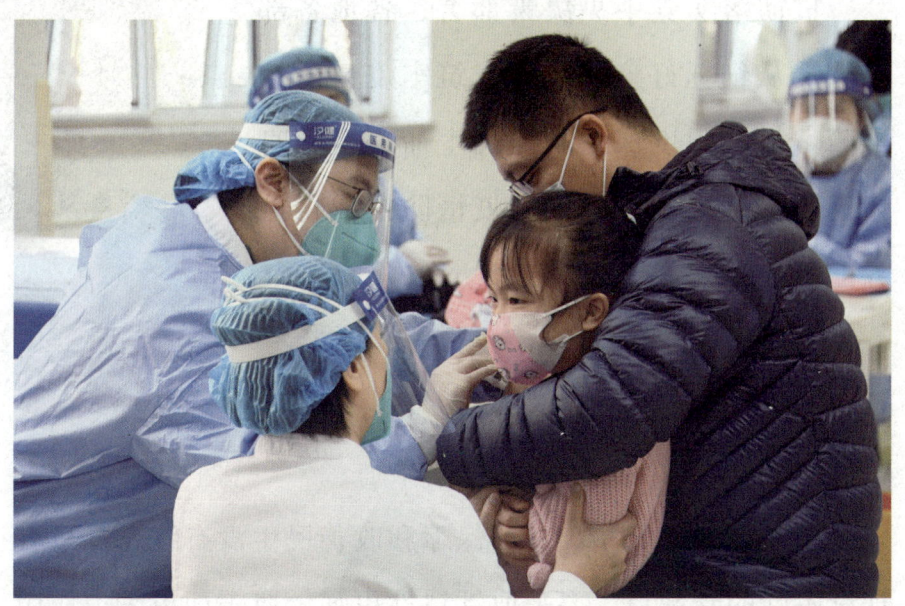

2021年11月13日，在北京市海淀区学院路街道新冠疫苗接种点，医护人员为一名小朋友接种新冠疫苗。（新华社记者任超摄）

全科学的前提下，不落下任何一个群体……截至今年9月3日，全国31个省（自治区、直辖市）和新疆生产建设兵团累计报告接种新冠病毒疫苗超过34.33亿剂次。

特别是今年以来，疫情形势延宕反复，国际环境复杂严峻，国内改革发展稳定任务更趋艰巨繁重。以习近平同志为核心的党中央引领高效统筹疫情防控和经济社会发展，提出"疫情要防住、经济要稳住、发展要安全"的明确要求。

贯彻落实党中央决策部署，各地各部门从严从细抓好疫情防控，筑牢疫情防控屏障。最大限度保护了人民生命安全和身体健康，统筹经济发展和疫情防控取得世界上最好的成果。

补短板强弱项：让老百姓过上好日子

习近平总书记指出："保障和改善民生没有终点，只有连续不断的新起点，要采取针对性更强、覆盖面更大、作用更直接、效果更明显的举措，实实在在帮群众解难题、为群

续写社会长期稳定奇迹

2022年7月13日,在西藏那曲市双湖县多玛乡仲鲁玛村,运输家具的货车整装待发。(新华社记者晋美多吉摄)

众增福祉、让群众享公平。"

7月中旬,位于藏北那曲市双湖县多玛乡的仲鲁玛村一派热闹景象。一辆辆大货车陆续开进村庄,人们收拾行囊、搬运家具,驶向约700公里外的新家园:山南市贡嘎县森布日村。

双湖县平均海拔5000多米，空气含氧量只有平原的40%。今年7月，西藏实施双湖县第二批高海拔牧民生态搬迁，南部4个乡镇的牧民告别苦寒高远的藏北，前往新家。

"新家政府都装修好了，东西搬进去就可以住。"多玛乡的桑珠憧憬着美好生活，"森布日海拔3600多米，以后上学、看病也会更方便，日子更有盼头。"

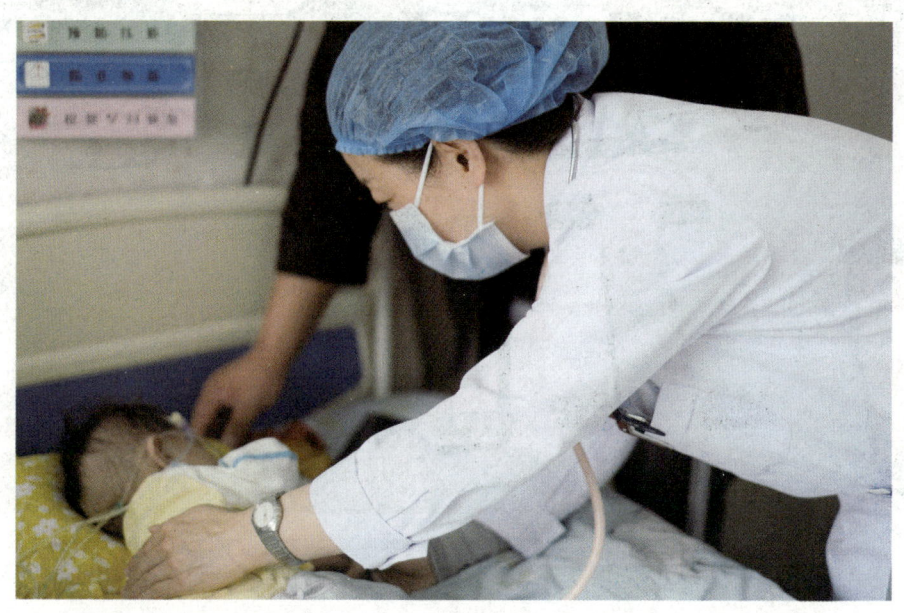

2022年4月25日，青海省妇女儿童医院医生、青南支医队员孙敬在青海省玉树藏族自治州人民医院给患者检查身体。（新华社记者韩方方摄）

党的十八大以来，以习近平同志为核心的党中央以让老百姓过上好日子作为一切工作的出发点和落脚点，把补齐民生保障短板、解决好人民群众急难愁盼问题作为社会建设的紧迫任务，不断加强以保障和改善民生为重点的社会建设，在幼有所育、学有所教、劳有所得、病有所医、老有所养、住有所居、弱有所扶上持续用力。

10年来,全国人均可支配收入比2012年增长近八成,城乡居民收入比显著缩小;形成超4亿人全球规模最大、最具成长性的中等收入群体;社保覆盖范围持续扩大,基本医疗保险覆盖13.6亿人,基本养老保险覆盖超过10亿人,建成了具有鲜明中国特色、世界上规模最大、功能完备的社会保障体系……

小康梦、强国梦、中国梦,归根到底是老百姓的"幸福梦"。

8月下旬,记者来到辽宁沈阳市皇姑区三台子街道牡丹

2021年9月4日,在山东省日照市岚山区安东卫街道凤凰山社区养老服务中心,志愿者为社区老人端来午餐。(新华社记者郭绪雷摄)

社区的幸福教育课堂，看到孩子们聚在一起，互相展示着自己动手制作的最新作品。

临近中午，社区老年餐厅又热闹起来，老人们纷纷打来溜肉段、香菇油菜等热气腾腾的饭菜。

牡丹社区近年来扩建党群服务中心，专门为"一老一幼"增添了居家养老服务中心和幸福教育课堂，成为基层治理的示范社区。

坚持尽力而为、量力而行，在发展中持续保障和改善民生。10年来，通过实施积极应对人口老龄化国家战略，养老服务体系加快建设；居民医保人均财政补助标准由240元提高到610元……改革发展成果更多更公平惠及全体人民。

着眼长治久安：社会治理水平大幅度提升

国泰民安，民之所盼。随着时代发展和社会进步，人民对美好生活的向往更加强烈，对民主、法治、公平、正义、安全、环境等方面的要求日益增长。

浙江省桐乡市高桥街道越丰村，这些年来工程项目较多。面对大开发、大发展中产生的问题纠纷，越丰村建起百姓议事会，大事小情都要拿到会上议一议。

"现在，我们老百姓的话真管用。"村民张金林说，之前有人反映村里路灯老化，百姓议事会成员了解情况后，立即开会讨论，一致同意投入5万多元对路灯灯头进行更换。

10年来，党着眼于国家长治久安、人民安居乐业，建设更高水平的平安中国，完善社会治理体系，健全党组织领导的自治、法治、德治相结合的城乡基层治理体系，推动社会治理重心向基层下移，建设共建共治共享的社会治理制度，建设人人有责、人人尽责、人人享有的社会治理共同体。

全国连续5年多未发生暴恐案事件；八类主要刑事犯罪2021年立案数比2012年下降64.4%；每10万人中命案数为0.56，是命案发案率最低的国家之一……

一个个数字，折射出黑恶犯罪得到根本遏制、基层基础全面夯实、党风政风社会风气明显好转，更带来了群众安全感逐年上升。

"我国群众安全感由2012年的87.55%上升到2021年的98.62%，10年来始终保持高位，国际社会普遍认为中国是世界上最安全的国家之一。"公安部有关负责人说。

社会治理，重在基层，也难在基层，必须把抓基层打基础作为长远之计、固本之策。

建起百姓议事会，让群众积极参与基层治理；全面推进公共法律服务体系建设，实现一村（社区）一法律顾问全覆盖；

2021年4月11日,浙江诸暨枫桥镇魏廉村老党员魏杏根(中)在枫桥经验陈列馆的亭子内和年轻党员分享当年运用"枫桥经验"化解基层矛盾的故事。(新华社记者翁忻旸摄)

建立社会矛盾纠纷调处化解中心,实现信访诉求、矛盾纠纷只需进"一扇门",办事维权只用"跑一地"……

从浙江省诸暨市发源的"枫桥经验",如今从一地经验发展为全域"风景"。各地不断坚持和发展新时代"枫桥经验",探索创造更多依靠基层、发动群众、就地化解人民内部矛盾的途径和方法,实现预防化解工作常态化、长效化。

近年来,全国信访总量明显下降,信访形势持续向好的态势得到巩固。

悠悠万事,民生为大。在以习近平同志为核心的党中央坚强领导下，一件事情接着一件事情办，一年接着一年干，人民获得感、幸福感、安全感必将更加充实、更有保障、更可持续。

（新华社北京 2022 年 9 月 7 日电　新华社记者樊曦、刘夏村、陈弘毅）

美丽中国展新颜

新时代中国生态文明建设述评

"生态文明建设是关乎中华民族永续发展的根本大计，保护生态环境就是保护生产力，改善生态环境就是发展生产力，决不以牺牲环境为代价换取一时的经济增长。"

党的十八大以来，以习近平同志为核心的党中央以前所未有的力度抓生态文明建设，全党全国推动绿色发展的自觉性和主动性显著增强，美丽中国建设迈出重大步伐，我国生态环境保护发生历史性、转折性、全局性变化。

"绿色答卷"令人民满意、世界瞩目

夏日的白洋淀,碧波荡漾,荷红苇绿。辽阔的水面上,一群活泼可爱的青头潜鸭幼鸟跟随"父母"在芦苇丛中穿梭。这意味着,世界极度濒危物种青头潜鸭将白洋淀作为了繁殖地。

近年来,通过系统治理,"华北明珠"白洋淀水质从劣Ⅴ类提升至Ⅲ类,进入全国良好湖泊行列,生物多样性显著增加,生态环境治理实现阶段性目标。

白洋淀的生态之变,是党的十八大以来我国生态文明建设成效的一个生动缩影。

明者因时而变,知者随事而制。

党的十八大以来,以习近平同志为核心的党中央站在中华民族永续发展的高度,大力推动生态文明理论创新、实践创新、制度创新,创造性提出一系列新理念新思想新战略,形成了习近平生态文明思想,

美丽中国展新颜

图为 2022 年 7 月 22 日，在白洋淀淀区拍摄的青头潜鸭与白眼潜鸭混群。（新华社记者邢广利摄）

为新时代我国生态文明建设提供了根本遵循和行动指南。

党中央以前所未有的力度抓生态文明建设——将生态文明建设纳入中国特色社会主义事业"五位一体"总体布局;"必须树立和践行绿水青山就是金山银山的理念"写进党的十九大报告;"增强绿水青山就是金山银山的意识"写入党章;生态文明写入宪法……

图为2021年5月17日拍摄的武夷山国家公园腹地桐木村景观。(新华社记者姜克红摄)

习近平总书记深刻指出:"从历史长河来看,如果说我们这一代人能留给后人点什么,我看生态文明建设就是很重要的一个方面。生态文明建设最能给老百姓带来获得感,环境改善了,老百姓体会也最深。"

9月1日,2022年服贸会,首钢园里一个展位上,3000多张照片引人注目——

从2013年开始,北京市民邹毅坚持每天早上拍摄同一地点的天空。2013年2月的照片里,灰蒙蒙的色调占据了大多数画框。今年2月,蓝天已经成为照片中最亮丽的风景。

10年来,我国生态环境质量明显改善,经济社会发展全面绿色转型不断取得新成效——

天更蓝。与2015年相比,2021年全国地级及以上城市细颗粒物平均浓度下降34.8%,空气质量优良天数比率提高到87.5%。

水更清。2021年,全国地表水优良水质断面比例为84.9%,比2012年提高了23.3个百分点。

家园更美。全国森林覆盖率达到24.02%,森林蓄积量达到194.93亿立方米,森林面积和森林蓄积量连续保持"双增长"。

我国以年均3%的能源消费增速支撑了年均6.5%的经济增长,能耗强度累计下降26.2%,是能耗强度降低最快的国家之一。

如今，绿水青山就是金山银山的理念成为全党全社会的共识和行动，我国在续写世所罕见的经济快速发展奇迹和社会长期稳定奇迹的同时，交上了一份令人民满意、世界瞩目的"绿色答卷"。

全方位、全地域、全过程加强生态环境保护

前些年，贵州的母亲河乌江一度拉响生态警报。经过多年治理，2021年乌江流域水质总体为"优"。

乌江流域磷矿资源富集。乌江治污，难在治磷。贵州在磷矿、磷化工、磷石膏库"三磷"整治上突出刚性措施，通过实施一揽子污染防治举措，从根本上解决乌江磷污染问题。

2021年11月18日，运载磷矿石的货船沿乌江航道顺流航行。（新华社记者陶亮摄）

良好生态环境是最普惠的民生福祉。党的十八大以来，党领导着力打赢污染防治攻坚战——

为换回蓝天常在，全国近10.3亿千瓦煤电机组实现超低排放，6.8亿吨左右粗钢产能完成或正在实施超低排放改造。

为守护碧水长流，各地新建污水管网9.9万公里，新增污水日处理能力4088万吨。

为留住鸟语花香，约1/3的行政村深入实施环境整治，农业生产实现化肥农药减量增效。

习近平总书记指出："保护生态环境必须依靠制度、依靠法治。"

10年来，越织越密的生态文明制度体系成为生态文明建设的可靠保障——

制定修订了土壤污染防治法、水污染防治法、长江保护法等多部法律，覆盖各类环境要素的法律法规体系基本建立。建立健全生态补偿制度、河湖长制、林长制、环境保护"党政同责""一岗双责"等一系列重要制度，生态文明的制度体系更加健全。

生态环境需要保护，生态警钟需要长鸣。守护绿水青山，要让制度成为刚性的约束和不可触碰的高压线。

初秋，祁连山北麓的大马营草原依然绿意葱茏、生机勃勃。

2022年6月5日，甘肃省武威市天祝藏族自治县石门沟景色。这里地处祁连山生态系统中重要水源涵养和补给区。（新华社记者陈斌摄）

祁连山是我国西部地区的重要生态安全屏障，一度无序无度开发，造成冻土破碎、植被稀疏，局部生态破坏。2017年7月，中办、国办通报甘肃祁连山国家级自然保护区生态环境问题，上百人被问责。

痛定思痛，甘肃以"断腕"决心狠抓整改。如今，祁连山生态保护"由乱到治，大见成效"。

党的十八大以来，针对陕西延安削山造城、浙江杭州千岛湖临湖地带违规搞建设、腾格里沙漠污染、洞庭湖区下塞湖非法矮围等问题，习近平总书记多次作出重要指示批示，要求严肃查处，扭住不放，一抓到底，不彻底解决绝不松手。

坚持问题导向、曝光典型案例、精准有效问责……中央生态环境保护督察敢于动真格，不怕得罪人，咬住问题不放松，成为推动落实生态环境保护责任的硬招实招。

在习近平生态文明思想指引下，党从思想、法律、体制、组织、作风上全面发力，全方位、全地域、全过程加强生态环境保护，更加自觉地推进绿色发展、循环发展、低碳发展，坚持走生产发展、生活富裕、生态良好的文明发展道路。

努力建设人与自然和谐共生的现代化

习近平总书记指出："我国建设社会主义现代化具有许多重要特征，其中之一就是我国现代化是人与自然和谐共生的现代化，注重同步推进物质文明建设和生态文明建设。"

在海南，约七分之一的陆域面积圈进了热带雨林国家公园保护区内，山里农民搬出来，小水电站退下来，电子围栏架起来。

今年初，喜讯传来：雨林"精灵"海南长臂猿再添一只婴猿。这一濒危物种的种群数量从之前的只有不到10只恢复至5群36只。

拼版照片：左上图为 2021 年 5 月拍摄的海南长臂猿 B 群幼猿（海南热带雨林国家公园管理局供图）；右上图为 2019 年 10 月 25 日在海南热带雨林国家公园体制试点区霸王岭自然保护区内拍摄的海南长臂猿（新华社记者蒲晓旭摄）；左下图为 2019 年 10 月 26 日在霸王岭自然保护区内拍摄的姬蛙（新华社记者蒲晓旭摄）；右下图为 2019 年 10 月 26 日在霸王岭自然保护区内拍摄的蛇雕（新华社记者蒲晓旭摄）。

2022 年 4 月 10 日，海南省五指山市水满乡毛纳村茶农在茶园采茶。（新华社记者杨冠宇摄）

国家公园五指山片区，大山深处的毛纳村不砍树、不占田，大力发展乡村旅游业和茶叶特色产业。村民王琼香说，她的茶园每年有 10 多万元收入，毛纳村家家户户种茶脱贫致富。

人不负青山，青山定不负人。

党的十八大以来，以习近平同志为核心的党中央领导开展一系列根本性、开创性、长远性工作——

推动划定和严守生态保护红线、环境质量底线、资源利用上线，形成生态环境保护的刚性约束。截至 2021 年底，全国共划分 4 万多个生态环境管控单元，基本建立起一套全地域覆盖、跨部门协同、多要素综合的生态环境分区管控体系。

2021 年 10 月 20 日，在青海省果洛藏族自治州玛多县扎陵湖乡勒那村，三江源国家公园黄河源园区生态管护员在巡护。（新华社记者张龙摄）

2022年4月24日，在中国大熊猫保护研究中心卧龙神树坪基地内，一只大熊猫在树上休息。（新华社记者胥冰洁摄）

　　三北防护林、天然林保护、退耕还林还草等一系列重大生态工程深入推进，我国成为全球森林资源增长最多的国家。

　　以国家公园为主体的自然保护地体系加快建立，设立三江源、大熊猫、东北虎豹、海南热带雨林、武夷山等第一批国家公园，启动了北京、广州等国家植物园体系建设，共同推动形成较为完整的生物多样性保护体系……

　　一系列制度举措有力护航，描绘出一幅人与自然和谐共生的美好图景。

　　应对气候变化，是全人类面临的共同挑战。

　　在以习近平同志为核心的党中央引领下，我国已成为全球生态文明建设的重要参与者、贡献者、引领者。

图为2022年7月11日拍摄的华南国家植物园。（新华社记者邓华摄）

这是中国的庄严宣告：提高国家自主贡献力度，采取更加有力的政策和措施，二氧化碳排放力争于2030年前达到峰值，努力争取2060年前实现碳中和。

事不避难，久久为功。我国把碳达峰、碳中和纳入生态文明建设整体布局，陆续发布"双碳"目标下的"1+N"政策，加快发展风电光伏等新能源，努力推动绿色低碳生产生活方式成为全社会的自觉追求。

全民义务植树蓬勃开展，野生动物保护志愿者遍布山林，节约粮食、垃圾分类成为新时尚……越来越多的人用实际行动守护着美丽中国。

伟大的里程碑

新征程上,在以习近平同志为核心的党中央坚强领导下,亿万人民保持建设生态文明的战略定力,锲而不舍,接续努力,必将汇聚起更加磅礴的力量,为子孙后代留下一个清洁美丽的家园。

(新华社北京2022年9月12日电 新华社记者高敬、胡璐、黄垚)

图为2018年3月13日拍摄的贵州省威宁县平箐光伏电站和大海子风电场。(新华社记者杨文斌摄)

美丽中国展新颜

中国特色强军之路的时代答卷

——新时代推进国防和军队建设述评

党的十八大以来，中国特色社会主义进入新时代，国防和军队建设也进入新时代。

人民军队这十年，是浴火重生的十年，是强军兴军的十年，是阔步迈向世界一流的十年。

进入新时代，习近平主席站在统筹"两个大局"的战略高度，鲜明提出党在新时代的强军目标，确立新时代军事战略方针，制定到2027年实现建军一百年奋斗目标、到2035年基本实现国防和军队现代化、到本世纪中叶全面建成世界一流军队的国防和军队现代化新"三步走"战略，引领人民军队在中国特色强军之路上阔步前行，为实现中华民族伟大复兴提供了坚强有力的战略支撑。

听党指挥，信仰弥坚——坚持党对军队绝对领导的根本原则和制度更加牢固

人民军队之所以不断发展壮大，关键在于始终坚持先进军事理论的指导。

党的十八大以来，在波澜壮阔的强军实践中，以习近平同志为核心的党中央带领全军深入进行理论探索和实践创造，形成了习近平强军思想这一党的军事指导理论最新成果，为走中国特色强军之路提供了科学指南和行动纲领。

强国必须强军，军强才能国安。

2013年3月，在十二届全国人大一次会议解放军代表团全体会议上，习主席郑重宣告："建设一支听党指挥、能打胜仗、作风优良的人民军队，是党在新形势下的强军目标。"

2017年金秋，党的十九大把习近平强军思想写入党章，确立习近平强军思想在国防和军队建设中的指导地位。

党的十九大报告、党的十九届六中全会审议通过的决议，系统概括习近平新时代中国特色社会主义思想的核心内容，其中一条是"明确党在新时代的强军目标是建设一支听党指挥、能打胜仗、作风优良的人民军队，把人民军队建设成为

世界一流军队"。

强军目标,谋的是民族复兴伟业,布的是强军兴军大局,立的是安全发展之基。

其中,听党指挥是灵魂,决定军队建设的政治方向。

古田,是我们党确立思想建党、政治建军原则的地方。1929年,我军政治工作在这里奠基,新型人民军队在这里定型。

2014年金秋,习主席亲自决策、亲自领导召开古田全军政治工作会议,对新时代政治建军作出部署,强调"坚持党对军队绝对领导是强军之魂,铸牢军魂是我军政治工作的核心任务,任何时候都不能动摇"。

2014年9月19日,武警福建总队龙岩支队组织新兵在古田会议会址前宣誓。(新华社发　苗继芳摄)

从古田再出发，政治建军掀开新的时代篇章，坚持党对军队的绝对领导这一强军之魂不断巩固加强——

党的十九大把"坚持党对人民军队的绝对领导"确定为新时代坚持和发展中国特色社会主义的一条基本方略。

党的十九大通过的党章，增写中央军事委员会实行主席负责制的内容，把这一党对军队绝对领导的根本制度和根本实现形式在党章中确立下来。2018年8月，中央军委党的建设会议召开，对全面加强新时代我军党的领导和党的建设工作作出全面部署。

中央军委先后印发《关于贯彻落实军委主席负责制建立和完善相关工作机制的意见》《关于全面深入贯彻军委主席负责制的意见》，作出一系列部署安排。

凝聚在党的旗帜下，"听习主席指挥、对习主席负责、让习主席放心"，成为全军官兵的自觉行动，确保绝对忠诚、绝对纯洁、绝对可靠。

真理之光，引领强军征程；信仰之光，昭示前行方向。

习主席着眼设计和塑造我军未来，提出改革强军战略，领导开展新中国成立以来最为广泛、最为深刻的国防和军队改革，亲自决策将这轮改革纳入全面深化改革总盘子，深刻阐明一系列带根本性方向性全局性的重要问题。

深化国防和军队改革，着眼于贯彻新时代政治建军的要求，一系列体制设计和制度安排，把党对军队绝对领导的根本原则和制度进一步固化下来并加以完善。

2021年1月4日，陆军第72集团军某旅组织某型轮式装甲输送车进行车载烟幕实弹射击训练。（新华社发 张毛摄）

一引其纲，万目皆张。重构人民军队领导指挥体制、现代军事力量体系、军事政策制度，裁减现役员额30万，形成军委管总、战区主战、军种主建新格局，打造以精锐作战力量为主体的军事力量体系，形成中国特色社会主义军事政策制度体系基本框架，人民军队体制一新、结构一新、格局一新、面貌一新。

重整行装再出发，人民军队初心如磐，信仰弥坚。

2021年7月24日,山东舰在南海某海域机动航行。(新华社发 李刚摄)

备战打仗,担当使命——捍卫国家主权、安全、发展利益更加坚强有力

"我想的最多的就是,在党和人民需要的时候,我们这支军队能不能始终坚持住党的绝对领导,能不能拉得上去、

打胜仗,各级指挥员能不能带兵打仗、指挥打仗。"

统帅发出的"胜战之问",振聋发聩。一场"战斗力标准大讨论"如同头脑风暴席卷全军。

全军部队听令景从、动若风发,紧紧扭住战斗力这个唯一的根本的标准,把工作重心归正到备战打仗上来。

2021年4月22日,陆军第73集团军某陆航旅组织飞行训练,战机编队依次起飞。(新华社发 李士龙摄)

2017年11月3日,习主席一身戎装来到军委联指中心大楼,鲜明指出"到军委联指中心来,就是要亮明态度,从我做起,从军委做起,强化备战打仗导向"。

实战必先实训。

2018年新年伊始,中央军委隆重举行开训动员大会,习主席一身戎装、冒着严寒向全军发布训令。这是中央军委首次统一组织全军开训动员。至2022年，习主席连续五年向全军发布开训动员令。

能打胜仗是核心，反映军队的根本职能和军队建设的根本指向。深化国防和军队改革，必须扭住能打仗、打胜仗这个强军之要。

2016年1月，新调整组建的军委机关15个职能部门亮相。其中，中央军委科学技术委员会的诞生引人注目，被认为宣告了中国军队"创新驱动时代的到来"。

强军征程上，习主席作出科技是核心战斗力的重大论断，发出建设创新型人民军队的时代号令，明确要求把创新摆在我军建设发展全局的核心位置。

强军之道，要在得人。

习主席领导人民军队实施新时代人才强军战略，坚持人才工作正确政治方向，聚焦备战打仗培养人才，加强军事人员现代化建设布局，深化军事人力资源政策制度改革，推动人才领域开放融合，取得历史性成就。

党的十八大以来，人民军队紧紧扭住战斗力这个唯一的根本的标准，扭住能打仗、打胜仗这个根本指向，壮大战略力量和新域新质作战力量，加强联合作战指挥体系和能力建设，大力推进战训耦合，大力推进体系练兵，大力推进科技

2018年1月3日，中央军委隆重举行2018年开训动员大会。这是动员大会主会场部队受领训令后展开训练。（新华社记者李刚摄）

练兵，全面推进军事训练转型升级，狠抓军事斗争准备，深化战斗精神培育，推动现代后勤高质量发展，武器装备建设实现跨越式发展、取得历史性成就，我军威慑和实战能力显著提升。

"全面提高捍卫国家主权、安全、发展利益的战略能力，更好履行新时代人民军队使命任务。"2020年10月23日，习主席在纪念中国人民志愿军抗美援朝出国作战70周年大会上的讲话掷地有声。

和平需要维护，能战方能止战。

党的十八大以来，人民军队坚决履行新时代使命任务，建设强大稳固的现代边海空防，坚定灵活开展军事斗争，有效应对外部军事挑衅，震慑"台独"分裂行径，遂行边防斗争、海上维权、反恐维稳、抢险救灾、抗击疫情、维和护航、人道主义救援和国际军事合作等重大任务，以顽强斗争精神和实际行动捍卫了国家主权、安全、发展利益，以大国军队责任担当为维护世界和地区和平稳定作出重大贡献。

2019年4月4日，在模拟反恐演练中，武警猎鹰突击队特战队员利用铁索接近被"恐怖分子"占据的楼房。（新华社发　杨志毅摄）

作风优良,永葆本色——人民军队的鲜明特色和政治优势更加巩固

"作风优良才能塑造英雄部队,作风松散可以搞垮常胜之师。"习主席谆谆告诫。

凝聚在党的旗帜下,人民军队把党的宗旨作为自己的根本宗旨,在长期的战斗和建设实践中,培育和形成了一整套光荣传统和优良作风。这是我军的鲜明特色和政治优势,是构成战斗力的重要因素和克敌制胜的法宝。

作风优良是保证,关系军队的性质、宗旨、本色。

2022年9月5日,武警四川总队机动第二支队官兵在甘孜州泸定县磨西镇磨子沟村搭建临时木桥转移被困群众。(新华社发 洪福乐摄)

2021年2月11日,驻守帕米尔高原的新疆喀什军分区某边防团托克满苏边防连官兵按计划对海拔5100米的山口实施例行巡逻。(新华社发 姬文志摄)

"我军要强起来,作风必须过硬,否则就容易垮掉。"党的十八大以来,党中央和习主席将作风建设作为一项基础性长期性工作紧抓不放。

针对党的十八大之前一个时期我军面临的严重政治风险,习主席力挽狂澜、扶危定倾,扭住全面从严治党、全面从严治军不放松,挽救了人民军队。

习主席领导召开古田全军政治工作会议,对新时代政治建军作出部署,恢复和发扬我党我军光荣传统和优良作风,以整风精神推进政治整训,深入推进军队党风廉政建设和反腐败斗争,持之以恒纠治"四风",严肃查处郭伯雄、徐才厚、房峰辉、张阳等严重违纪违法案件并彻底肃清其流毒影响，推动人民军队政治生态根本好转。

"要把改进作风工作引向深入，贯彻到军队建设和管理每个环节，真正在求实、务实、落实上下功夫，夯实依法治军、从严治军这个强军之基……"对加强作风建设、保持人民军队长期形成的良好形象，习主席念兹在兹。

党的十八大以来，依法治军、从严治军这个强军之基不断强化。

2014年金秋，经习主席提议，党的十八届四中全会把依法治军、从严治军写入全会决定，纳入依法治国总体布局。中国特色军事法治体系建设步入"快车道"。

习主席深刻指出依法治军、从严治军是强军之基，是我们党建军治军的基本方略，领导人民军队贯彻依法治军战略，构建中国特色军事法治体系，加快治军方式根本性转变，强化全军法治信仰和法治思维，着力推进全面从严治军，推动我军正规化建设向更高水平发展。

新时代强军征程，波澜壮阔，气吞山河。

党的十八大以来，国防和军队建设取得历史性成就、发生历史性变革，最根本的在于以习近平同志为核心的党中央的坚强领导，在于习近平新时代中国特色社会主义思想特别是习近平强军思想的科学指引。

伟大的里程碑

2020年12月10日,中部战区空军航空兵某团运-20飞机进行释放干扰弹训练。(新华社发 张猛摄)

今天，我们比历史上任何时期都更接近中华民族伟大复兴的目标，比历史上任何时期都更需要建设一支强大的人民军队。

新的征程上，人民军队将更加紧密地团结在以习近平同志为核心的党中央周围，深入学习贯彻习近平新时代中国特色社会主义思想特别是习近平强军思想，加强国防和军队现代化，全面提高捍卫国家主权、安全、发展利益的战略能力，为实现党在新时代的强军目标、把人民军队全面建成世界一流军队，为实现第二个百年奋斗目标、实现中华民族伟大复兴的中国梦而不懈奋斗。

（新华社北京2022年9月19日电　新华社记者黄明）

开创维护国家安全的崭新局面

——新时代中国维护国家安全述评

"增强忧患意识,做到居安思危,是我们治党治国必须始终坚持的一个重大原则。我们党要巩固执政地位,要团结带领人民坚持和发展中国特色社会主义,保证国家安全是头等大事。"

党的十八大以来,以习近平同志为核心的党中央统筹把握中华民族伟大复兴战略全局和世界百年未有之大变局,加强国家安全战略谋划和顶层设计,大力推进国家安全领域理论创新、实践创新、制度创新,开创维护国家安全的崭新局面,为党和国家兴旺发达、长治久安提供了有力保证。

伟大的里程碑

坚持总体国家安全观　构建新安全格局

国家安全是安邦定国的重要基石，维护国家安全是全国各族人民根本利益所在。

进入新时代，我国面临更为严峻的国家安全形势，外部压力前所未有，传统安全威胁和非传统安全威胁相互交织，"黑天鹅""灰犀牛"事件时有发生。

党的十八大以来，以习近平同志为核心的党中央顺应时

2022年4月14日，山东省枣庄市市中区人民法院工作人员在龙山路街道荣华里社区向居民讲解国家安全知识。（新华社发　孙中喆摄）

代发展大势，从新时代坚持和发展中国特色社会主义的战略高度，把马克思主义国家安全理论和当代中国安全实践、中华优秀传统战略文化结合起来，创造性提出了总体国家安全观。10年来，我们党坚定不移走中国特色国家安全道路，推动国家安全工作实现历史性变革。

国家安全领导体制和制度机制日益完善——

2013年11月，党的十八届三中全会决定成立中央国家安全委员会；2014年1月，中共中央政治局召开会议，研究决定中央国家安全委员会设置。

2014年4月15日，中央国家安全委员会第一次全体会议召开。中共中央总书记、国家主席、中央军委主席、中央国安委主席习近平指出，必须坚持总体国家安全观，以人民安全为宗旨，以政治安全为根本，以经济安全为基础，以军事、文化、社会安全为保障，以促进国际安全为依托，走出一条中国特色国家安全道路。

总体国家安全观系统回答了中国特色社会主义进入新时代，如何既解决好大国发展进程中面临的共性安全问题，同时又处理好中华民族伟大复兴关键阶段面临的特殊安全问题这个重大时代课题，是我们党历史上第一个被确立为国家安全工作指导思想的重大战略思想。

党的十九大将坚持总体国家安全观纳入新时代坚持和发

展中国特色社会主义的基本方略，并写入党章，反映了全党全国人民的共同意志。

2020年12月11日，中共中央政治局就切实做好国家安全工作举行第二十六次集体学习。习近平总书记就贯彻总体国家安全观提出10点要求。

2021年11月18日，习近平总书记主持召开中共中央政治局会议，审议《国家安全战略（2021—2025年）》。会议指出，新形势下维护国家安全，必须牢固树立总体国家安全观，加快构建新安全格局。

我国不断完善国家安全风险评估预警机制、国家安全审查和监管制度、国家安全危机管控机制、国家应急管理机制、国家安全综合保障体系等一系列制度机制，国家安全工作合力和整体效能进一步增强，为动员打好国家安全总体战提供坚强制度保障。

制定出台一系列国家安全领域法律法规——

2015年7月1日，第十二届全国人大常委会第十五次会议通过《中华人民共和国国家安全法》，将每年4月15日确定为全民国家安全教育日。

近年来，反间谍法、反恐怖主义法、网络安全法、国家情报法、境外非政府组织境内活动管理法、核安全法、英雄烈士保护法、密码法等一系列国家安全领域法律法规出台。

2022年4月15日,在河南农业大学开展"全民国家安全教育进校园"宣传教育活动中,郑州市公安局民警与学生们互动。(新华社发 刘书亭摄)

我国基本形成了立足我国国情、体现时代特点、适应我国所处战略安全环境、内容协调、程序严密、配套完备、运行有效的中国特色国家安全法律体系,为维护国家安全提供了有力法治保障。

10年来,我国政治安全进一步巩固,维护重点领域安全取得明显成效,人民群众安全意识普遍增强。

统筹发展和安全 实现高质量发展和高水平安全的良性互动

发展与安全如鸟之两翼、车之双轮。

党的十九届五中全会通过的《中共中央关于制定国民经济和社会发展第十四个五年规划和二〇三五年远景目标的建议》,首次把统筹发展和安全纳入"十四五"时期我国经济社会发展的指导思想,并列专章作出战略部署,突出了国家安全在党和国家工作大局中的重要地位。

疫情要防住、经济要稳住、发展要安全,这是党中央的明确要求。

各地各部门一手抓防疫,坚持外防输入、内防反弹,坚持科学精准、动态清零不动摇;一手抓发展,坚持稳字当头、稳中求进,扎实做好"六稳"工作,全面落实"六保"任务。

7月中旬,2022年中国经济半年报交出成绩单:上半年,国内生产总值同比增长2.5%,二季度经济顶住下行压力实现正增长,6月份经济企稳回升,主要经济指标全面回升。

开创维护国家安全的崭新局面

图为2022年3月17日在位于乌蒙山区的贵州省纳雍县六冲河畔拍摄的夹岩水利枢纽工程。（新华社记者 陶亮摄）

截至目前，中国是世界主要大国中，新冠肺炎发病率最低、死亡人数最少的国家。中国最大限度保护了人民生命安全和身体健康，统筹经济发展和疫情防控取得世界上最好的成果。

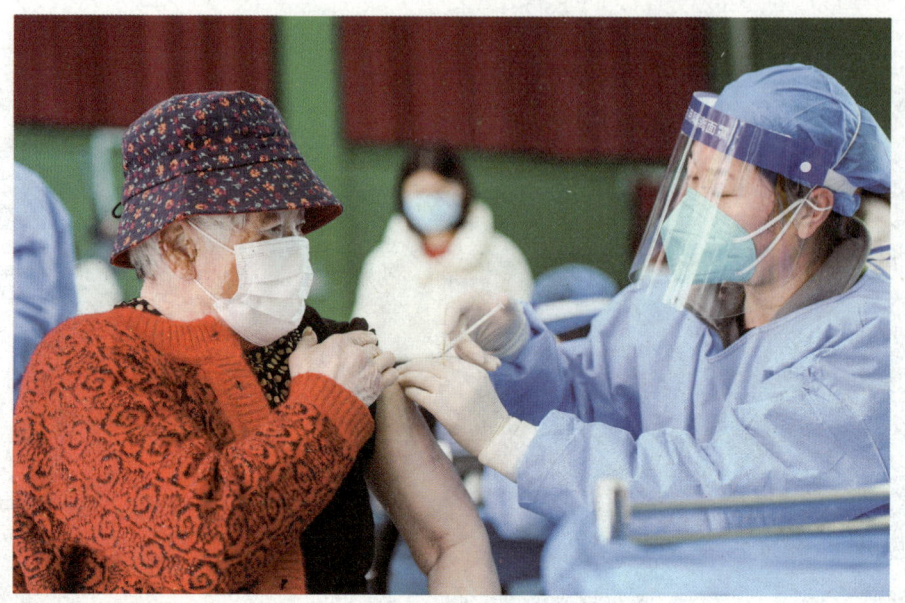

2022年3月22日,在内蒙古呼和浩特市公主府公园新冠疫苗接种点,一位老人在接种疫苗。(新华社记者刘磊摄)

"洪范八政,食为政首。"确保粮食安全是重大战略性根本问题。习近平总书记强调,"在粮食安全这个问题上不能有丝毫麻痹大意"。

10年来,我国牢牢把住粮食安全主动权,坚持藏粮于地、藏粮于技战略,严守18亿亩耕地红线,累计建成9亿亩高标准农田,深入实施种业振兴行动,粮食产量连续7年稳定在1.3万亿斤以上,实现谷物基本自给、口粮绝对安全。

能源被喻为工业的粮食。习近平总书记强调,中国作为制造业大国,要发展实体经济,能源的饭碗必须端在自己手里。

2022年5月19日,工作人员在黑龙江寒地作物种质资源库内查看野生大豆种质情况。(新华社记者张涛摄)

近10年来,我国以年均约2.9%的能源消费增长支撑了6.2%的国民经济增长;发电装机超过24亿千瓦,人均电力装机由2014年的1千瓦增长至1.7千瓦。2021年天然气产量比2012年增长近一倍,原油产量连续10年保持2亿吨左右;"北煤南运""西煤东运"能力显著增强,油气基础设施网络基本成型;到2021年煤炭消费比重降至56%,清洁能源消费比重上升到25.5%……

党的十八大以来,我国持续加强科技创新、模式创新和制度创新,增强产业链、供应链自主可控水平:实施龙头企业保链稳链工程;启动一批产业基础再造工程项目;培育"专精特新"企业；促数字经济发展，推进5G规模化应用；培育壮大集成电路、人工智能等数字产业……

防范化解重大金融风险攻坚战取得重要阶段性成果，高风险影子银行规模较历史峰值压降约25万亿元，过去10年累计消化不良资产16万亿元。

面对严峻复杂的国际形势和接踵而至的巨大风险挑战，中国坚持底线思维，打好化险为夷、转危为机的战略主动战，实现高质量发展和高水平安全的良性互动。

巩固国家安全人民防线　有效维护国家安全

民为邦本，本固邦宁。

习近平总书记强调，要坚持国家安全一切为了人民、一切依靠人民，动员全党全社会共同努力，汇聚起维护国家安全的强大力量，夯实国家安全的社会基础，防范化解各类安全风险，不断提高人民群众的安全感、幸福感。

人民安全是国家安全的核心，国家安全工作以人民安全为宗旨，以人民为坚强后盾、力量之源。

走进江西省首家国家安全教育示范点——南昌市红谷滩区红角洲管理处一个社区，小朋友们正在玩一款VR红色宣教小游戏。

开创维护国家安全的崭新局面

"这款小游戏是我们发挥 VR 产业优势开发的,通过沉浸式宣教体验,传导了'红色基因传承'的大意义,让青少年更加深刻地认识到文化安全的重要性。"社区工作人员说。

红谷滩区委国安办相关负责人表示,国家安全宣传教育要用接地气、冒热气、有生气的"群众语言",才能达到"润

2020年5月28日,十三届全国人大三次会议表决《全国人民代表大会关于建立健全香港特别行政区维护国家安全的法律制度和执行机制的决定(草案)》。(新华社记者丁海涛摄)

心细无声"的效果。

设立全民国家安全教育日,以总体国家安全观为指导,全面实施国家安全法,深入开展国家安全宣传教育和全民国防教育,切实增强全民国家安全意识,推动全社会形成维护国家安全的强大合力。

国家安全机关依法履行反间谍、维护政治安全、海外安全保卫等职能,侦破一批危害国家安全重大案件;贯彻落实香港国安法,依法惩治分裂国家、颠覆国家政权、组织实施恐怖活动、勾结外国或境外势力危害国家安全等犯罪活动,坚决打击外部势力和敌对势力"反中乱港"的一切图谋。

2021年4月15日,香港市民排队参加全民国家安全教育日活动。(新华社记者卢炳辉摄)

国家安全机关出台《反间谍安全防范工作规定》《公民举报危害国家安全行为奖励办法》，为维护国家安全不断完善制度保障。

近年来，各地高校师生同上一堂国家安全教育课，以生动、真实的案例向高校师生展现维护国家安全的正确行为示范，教育引导广大师生树牢总体国家安全观，将国家安全意识转化为自觉行动……

经过综合施策、持续努力，全社会维护国家安全的积极性主动性明显增强，各领域安全的人民防线进一步巩固。

10年来，国家安全得到全面加强，经受住了来自政治、经济、意识形态、自然界等方面的风险挑战考验，为党和国家兴旺发达、长治久安提供了有力保证。

居安思危，思则有备，备则无患。

在以习近平同志为核心的党中央坚强领导下，14亿多人民作为国家安全的坚定维护者，人人绷紧安全这根弦，拧紧头脑中的"安全阀"，必将推动中国号巨轮在时代风云中破浪前行，为实现中华民族伟大复兴中国梦筑牢安全保障。

（新华社北京2022年9月21日电　新华社记者熊争艳、刘奕湛、戴小河）

"实践证明,有中国共产党的坚强领导,有伟大祖国的坚强支撑,有全国各族人民包括香港特别行政区同胞、澳门特别行政区同胞和台湾同胞的同心协力,香港、澳门长期繁荣稳定一定能够保持,祖国完全统一一定能够实现。"

党的十八大以来,以习近平同志为核心的党中央从实现中华民族伟大复兴的全局高度,作出一系列战略决策和重大部署,坚定不移全面准确贯彻"一国两制"方针,坚持和完善"一国两制"制度体系,不断推进"一国两制"在香港、澳门的成功实践取得历史性成就;形成新时代中国共产党解决台湾问题的总体方略,牢牢把握两岸关系主导权和主动权,有力维护台海和平稳定,扎实推进祖国统一进程。

创新理论指引下,香港澳门保持繁荣稳定良好局面

中央贯彻"一国两制"方针坚持两点,一是坚定不移,确保不会变、不动摇;二是全面准确,确保不走样、不变形;

"一国两制"的根本宗旨是维护国家主权、安全、发展利益,保持香港、澳门长期繁荣稳定;

维护国家主权、安全、发展利益是"一国两制"方针的最高原则;

"一国"原则愈坚固,"两制"优势愈彰显;

必须依法治港治澳;必须坚持中央全面管治权和保障特别行政区高度自治权相统一;必须落实"爱国者治港""爱国者治澳";必须保持香港、澳门的独特地位和优势;

"一国两制"这样的好制度,没有任何理由改变,必须长期坚持;

……

党的十八大以来,习近平总书记对"一国两制"和港澳工作提出一系列原创性的新理念新思想新战略,将我们党对"一国两制"的规律性认识提升到新高度。这些重要论述是对"一国两制"理论的丰富和发展,为推进新时代"一国两制"

图为2022年5月31日拍摄的香港国际金融中心二期（左上）、香港环球贸易广场（右）。（新华社记者李钢摄）

实践提供了根本遵循。

党的十九大报告明确指出，香港、澳门发展同内地发展紧密相连，要支持香港、澳门融入国家发展大局。十年来，香港、澳门同祖国内地优势互补、共同发展的道路越走越宽广。一系列重大国家战略和政策措施相继出台，国家"十三五"至"十四五"规划纲要港澳专章对港澳清晰定位和科学规划，粤港澳大湾区发展规划纲要给予港澳中心城市定位，支持港澳参与和助力共建"一带一路"，为港澳发展提供了难得机遇、不竭动力、广阔空间。

香港、澳门发展建设稳步前行——

伟大的里程碑

在祖国全力支持下,香港经济蓬勃发展,国际金融、航运、贸易中心地位稳固,创新科技产业迅速兴起,自由开放雄冠全球,营商环境世界一流,包括普通法在内的原有法律得到保持和发展。

澳门经济快速发展,人均地区生产总值进入世界前列,"一中心、一平台、一基地"建设扎实推进,经济适度多元发展成效初显。"小而富""小而劲""小而康""小而美"

绘就同心圆 共筑中国梦

成为澳门的魅力名片。

　　香港、澳门融入国家发展大局步伐不断加快——

　　习近平总书记亲自谋划、亲自部署、亲自推动的粤港澳大湾区建设取得重要阶段性成果，广深港高铁、港珠澳大桥和多个口岸相继建成开通，横琴、前海、南沙等重大合作平台建设加快推进，内地与港澳规则衔接、机制对接不断深化，便利港澳居民在内地发展的政策措施持续完善……

这是澳门西湾湖一带景色（2019年7月1日摄，无人机照片）。（新华社发 梁建华摄）

港澳同内地交流合作领域全面拓展、机制不断完善，港澳同胞创业建功的舞台越来越宽广。数以十万计港澳青年到祖国内地就学、就业、创业、置业，以越来越强烈的民族自豪感和主人翁意识书写他们的精彩人生。

标本兼治，落实中央对特别行政区全面管治权

党的十九届四中全会就坚持和完善"一国两制"制度体系作出总体部署，明确指出必须"建立健全特别行政区维护国家安全的法律制度和执行机制，支持特别行政区强化执法力量"，"坚持以爱国者为主体的'港人治港'、'澳人治澳'，提高特别行政区依法治理能力和水平"，"绝不容忍任何挑战'一国两制'底线的行为，绝不容忍任何分裂国家的行为"。

一个时期，受各种内外复杂因素影响，"反中乱港"活动猖獗，香港局势一度出现严峻局面。以习近平同志为核心的党中央审时度势，作出健全中央依照宪法和基本法对特别行政区行使全面管治权、完善特别行政区同宪法和基本法实施相关制度机制的重大决策，出台一系列标本兼治的举措，推动香港局势实现由乱到治的重大转折。

——果断制定香港国安法，从根本上堵住了香港维护国家安全的制度漏洞；

——系统性完善香港特别行政区选举制度,为守护香港政权安全夯实制度基础,建立起具有香港特色的优质民主制度;

——进一步健全行政长官对中央政府负责的制度机制;

——坚决防范遏制外部势力干预港澳事务和进行分裂、颠覆、渗透、破坏活动;

……

这一系列重要举措,坚持和完善了"一国两制"制度体系,落实中央对特别行政区全面管治权,为推进依法治港治澳、促进"一国两制"行稳致远打下了坚实基础。

经风历雨之后,港澳同胞更加深刻认识到,港澳始终同祖国风雨同舟、血脉相连。爱国爱港爱澳力量不断壮大,以

2021年3月31日,一名香港市民从"完善选举制度 落实爱国者治港"巨幅海报前经过。(新华社记者吴晓初摄)

伟大的里程碑

爱国爱港爱澳为核心、同"一国两制"方针相适应的主流价值观更加深入人心。

定向领航,形成新时代党解决台湾问题的总体方略

党的十八大以来,以习近平同志为主要代表的中国共产党人,全面把握两岸关系时代变化,丰富和发展国家统一理

2019年8月7日拍摄的港珠澳大桥海上日出。(新华社发)

论和对台方针政策,推动两岸关系朝着正确方向发展,形成新时代中国共产党解决台湾问题的总体方略,为新时代做好对台工作提供根本遵循和行动纲领。

2017年10月,党的十九大确立了坚持"一国两制"和推进祖国统一的基本方略,强调:"绝不允许任何人、任何组织、任何政党、在任何时候、以任何形式、把任何一块中国领土从中国分裂出去!"

2019年1月，习近平总书记在《告台湾同胞书》发表40周年纪念会上发表重要讲话，郑重提出新时代推动两岸关系和平发展、推进祖国和平统一进程的重大政策主张：携手推动民族复兴，实现和平统一目标；探索"两制"台湾方案，丰富和平统一实践；坚持一个中国原则，维护和平统一前景；深化两岸融合发展，夯实和平统一基础；实现同胞心灵契合，增进和平统一认同。

十年来，中国共产党和中国政府采取一系列重大举措，引领两岸关系发展、促进祖国和平统一：

——推动实现1949年以来两岸领导人首次会晤、直接对话沟通，将两岸交流互动提升到新高度；

——坚持一个中国原则和"九二共识"，推进两岸政党党际交流；

——践行"两岸一家亲"理念，以两岸同胞福祉为依归，推动两岸关系和平发展、融合发展；

——团结广大台湾同胞，排除"台独"分裂势力干扰阻挠，推动两岸各领域交流合作和人员往来走深走实；

……

十年来，大陆方面陆续出台《关于促进两岸经济文化交流合作的若干措施》《关于进一步促进两岸经济文化交流合作的若干措施》《关于应对疫情统筹做好支持台资企业发展和推进台资项目有关工作的通知》等一系列惠及广大台胞的政策。

在新时代党解决台湾问题总体方略的引领下，大陆坚定不移率先同台湾同胞分享发展机遇，为台胞台企提供同等待遇，持续扩大两岸交流合作。广大台胞台企积极融入大陆新发展格局、参与高质量发展，获得实实在在的好处，谱写了两岸同胞走近走亲、融合发展的生动篇章。

应对挑战，牢牢把握两岸关系主导权和主动权

2016年民进党当局上台以来，顽固坚持"台独"分裂立场，拒不承认一个中国原则和"九二共识"，制造两岸对立对抗，图谋"倚美谋独"，严重破坏两岸关系、危害台海和平稳定。

同时，一些外部势力极力搞"以台制华"，纵容鼓动"台独"势力发展，挑战和掏空一中原则，严重违反国际关系基本准则，严重破坏台海和平稳定。

党的十八大以来，我们坚持一个中国原则和"九二共识"，坚决反对"台独"分裂行径，坚决反对外部势力干涉，牢牢把握两岸关系主导权和主动权。祖国完全统一的时和势始终在我们这一边。

"'台独'分裂是祖国统一的最大障碍，是民族复兴的

严重隐患。""凡是数典忘祖、背叛祖国、分裂国家的人，从来没有好下场，必将遭到人民的唾弃和历史的审判！"……针对"台独"分裂活动和外部势力干涉，习近平总书记多次作出郑重宣示。

中央采取一系列重要举措，在维护国家主权和领土完整上划出清晰红线。依法打击惩戒"台独"顽固分子及其关联企业、机构和金主，对"台独"顽固分子追究刑事责任且终身有效；针对"台独"分裂势力与外部势力勾连挑衅，解放军在台岛周边海空域组织实施系列反制行动……种种有力举措，形成强大震慑。

2022年8月，《台湾问题与新时代中国统一事业》白皮

2021年12月4日，两岸"和平小天使"在厦门灵玲动物王国参观。（新华社发）

书进一步重申台湾是中国的一部分的事实和现状，展现中国共产党和中国人民追求祖国统一的坚定意志和坚强决心，阐述中国共产党和中国政府在新时代推进实现祖国统一的立场和政策。

台湾问题因民族弱乱而产生，必将随着民族复兴而解决。在中国共产党的坚强领导下，全体中华儿女和衷共济、团结奋斗，就一定能够汇聚起促进祖国统一和民族复兴的磅礴伟力，就一定能在同心实现中华民族伟大复兴进程中完成祖国统一大业。

（新华社北京 2022 年 9 月 26 日电　新华社记者章利新、郭鑫、陈舒）

推进中国特色大国外交 服务中华民族伟大复兴

——新时代中国外交工作述评

习近平总书记在2014年11月中央外事工作会议上明确指出，中国必须有自己特色的大国外交。在2018年6月中央外事工作会议上，习近平总书记进一步强调，坚持以实现中华民族伟大复兴为使命推进中国特色大国外交。

党的十八大以来，以习近平同志为核心的党中央深刻把握我国所处历史方位和国际局势，统筹国内国际两个大局，领导我国对外工作攻坚克难、砥砺前行，走出了一条中国特色大国外交新路，为实现"两个一百年"奋斗目标、实现中华民族伟大复兴的中国梦营造了良好外部环境。

发展全球伙伴关系　扩大同各国的利益交汇点

2022年9月15日,习近平主席在乌兹别克斯坦出席上海合作组织撒马尔罕峰会期间,同白俄罗斯总统卢卡申科举行双边会见。两国元首决定,将中白关系定位提升为全天候全面战略伙伴关系,成为中国发展全球伙伴关系的最新进展。

"志同道合,是伙伴。求同存异,也是伙伴。"习近平主席开创性地提出,坚持以深化外交布局为依托打造全球伙伴关系。

坚持对话而不对抗、结伴而不结盟,十年来,中国同各国广交朋友、深化合作,不断扩大与各国的利益交汇点,建设新型国际关系之路越走越宽广。

推进大国协调和合作,构建总体稳定、均衡发展的大国关系框架;按照亲诚惠容理念和与邻为善、以邻为伴的周边外交方针,深化同周边国家关系;秉持正确义利观和真实亲诚理念,加强同广大发展中国家团结合作……新时代,中国对外关系不断拓展深化,全方位、多层次、立体化的对外工作布局日益发展完善。

2021年12月31日12时,尼加拉瓜首都马那瓜骄阳似火。

伴随着雄壮的《义勇军进行曲》，一面五星红旗在中国驻尼加拉瓜大使馆院落中央缓缓升起。

2020年3月28日，在巴基斯坦伊斯兰堡国际机场，工作人员卸载中国捐赠的医疗救治物资。（新华社记者刘天摄）

2016年，冈比亚、圣多美和普林西比；2017年，巴拿马；2018年，多米尼加、布基纳法索、萨尔瓦多；2019年，所罗门群岛、基里巴斯；2021年，尼加拉瓜……党的十八大以来，9个国家先后同中国建交、复交，中国建交国增至181个。

同瑞士建立"中瑞创新战略伙伴关系"，同俄罗斯开启"中俄新时代全面战略协作伙伴关系"，同哈萨克斯坦发展"中哈永久全面战略伙伴关系"，与印度持续推进"中印更加紧

伟大的里程碑

图为 2019 年 1 月 16 日航拍的希腊比雷埃夫斯港。（新华社记者吴鲁摄）

密的发展伙伴关系"……中国的伙伴关系形式更加多样,内涵不断丰富,水平不断提升。

中国倡导的伙伴关系,坚持互利合作,充分发挥各自优势,变赢者通吃为各方共赢,通过合作做大共同利益的蛋糕,实现共同发展繁荣。

推进开放合作　开辟共同发展广阔空间

2022年8月31日,随着汽笛声响起,一列装载着茶叶、化肥原材料等货物的中老铁路国际货运列车,从福州江阴港出发驶往老挝万象,福建开出了首趟中老铁路国际货运列车。

作为中国、老挝共建"一带一路"的旗舰项目,中老铁路的开通,既让老挝由"陆锁国"变为"陆联国"的梦想成真,也打通了中国内地直达老挝以及东南亚陆路的快捷通道。

2013年秋,习近平主席在出访期间提出共建"一带一路"重大倡议。坚持共商共建共享,中国推动共建"一带一路"高质量发展,实行更加积极主动的开放战略,形成更大范围、更宽领域、更深层次对外开放格局，构建互利共赢、多元平衡、安全高效的开放型经济体系。

2016年2月27日，一列专列停在乌兹别克斯坦安格连－帕普铁路卡姆奇克隧道进口。（新华社记者沙达提摄）

九年间，已有140多个国家、30多个国际组织同中国签署200多份共建"一带一路"合作文件；2013至2021年，中国与沿线国家累计货物贸易额近11万亿美元，双向投资超过2300亿美元；截至2021年底，中国在24个沿线国家建设79家境外经贸合作区，累计投资430亿美元，为当地创造34.6万个就业岗位……跨越不同地域、不同发展阶段、不同文明，共建"一带一路"不断走深走实，为各国开辟一条通向共同繁荣的机遇之路。

中国搭台，世界合唱。

2022年9月，上海。在第五届中国国际进口博览会开幕倒计时50天之际，许多企业和机构提前锁定了第六届进博会的展位。压茬推进的"进博故事"，折射各方参与的饱满热情，更彰显中国"开放的大门只会越开越大"的坚定决心、同世界各国分享市场机遇的满满诚意。

图为2022年9月16日在国家会展中心（上海）拍摄的第五届进博会倒计时50天暨第六届进博会签约活动现场。（新华社记者方喆摄）

从连年举办进博会、服贸会、广交会、消博会，到统筹推进 21 个自贸试验区建设，再到高质量高标准建设海南自由贸易港；从积极推动《区域全面经济伙伴关系协定》正式生效，到正式申请加入《全面与进步跨太平洋伙伴关系协定》，再到推动经济全球化朝着更加开放、包容、普惠、平衡、共赢方向发展……新时代的中国向世界敞开怀抱，推动建设开放型世界经济，在中国同世界开放相融中共享发展机遇、汇聚发展力量。

秉持外交为民理念　维护海外中国公民、法人正当权益

2021 年 9 月 25 日晚，经过不懈努力，被加拿大方面非法拘押一千多天的孟晚舟女士终于平安回国。一句"如果信念有颜色，那一定是中国红"，道出了 14 亿中国人民的共同心声。

党的十八大以来，中国外交践行外交为民理念，植根人民、胸怀人民、造福人民，坚定维护我国海外公民和法人正当权益。

打造海外民生工程，中国外交致力为走出去的中国公民和企业织牢安全网，为海外中国游客提供更安全的旅游环境，

为中国留学生争取更好的学习环境，为中国商人营造更友善的兴业环境，为中国侨胞带去更温暖的关怀，为中国商品寻找更广阔的市场，为在海外的中国劳动者创造更好的工作与生活条件，帮助他们实现自己的梦想。

2012年至2017年的5年间，中国成功组织9次海外公民撤离行动，处理100多起中国公民境外遭绑架或袭击案件，受理各类领事保护救助案件近30万起。

2020年，新冠肺炎疫情全球蔓延，党和政府时刻挂念海外中国公民的安危，千方百计保障中国公民健康安全和工作生活，向留学生、侨胞等群体发放"健康包""春节包"，协助确有困难的中国公民有序回国；开展"春苗行动"，积极争取和协助海外中国公民接种疫苗。

24小时运转的"12308"领事保护热线，遍布全球的驻外使领馆，全球范围开展的风险评估预警服务……从跨出国门的那一刻起，中国公民身后，始终有祖国的守护。

推动全球治理变革　为我国发展和世界和平创造更为有利条件

秋色初染，钱塘江畔，大潮涌动。

2016年9月，二十国集团领导人聚首浙江杭州。习近平

伟大的里程碑

图为 2021 年 10 月 25 日拍摄的亚洲基础设施投资银行（亚投行）标志。（新华社记者李贺摄）

主席主持峰会并首次全面阐述中国的全球经济治理观——以平等为基础、以开放为导向、以合作为动力、以共享为目标。峰会推动二十国集团实现从短期政策向中长期政策转型，从危机应对向长效治理机制转型。

随着国际力量对比消长变化和全球性挑战日益增多,加强全球治理、推动全球治理体系改革成为大势所趋。

从亚太经合组织领导人北京会议到二十国集团领导人杭州峰会,从上合组织青岛峰会到金砖国家领导人会晤,从"一带一路"国际合作高峰论坛到中非合作论坛北京峰会,从博鳌亚洲论坛到亚洲文明对话大会、中国共产党与世界政党领导人峰会、《生物多样性公约》第十五次缔约方大会第一阶段会议……一系列重大主场外交,成为新时代中国外交的闪亮名片,折射着中国积极参与全球治理的光辉历程。

倡导共商共建共享的全球治理观,坚持共同、综合、合作、可持续的安全观,建设性参与国际和地区热点问题政治解决,建设性地参与全球气候治理,推动加强全球公共卫生治理,发起成立亚洲基础设施投资银行、新开发银行,提出全球发展倡议、全球安全倡议……一系列新理念新主张新倡议、一个个实实在在的方案与行动,为解决人类面临的种种难题贡献中国智慧、注入行动力量,彰显了新时代中国外交的大国担当。

"世界问题多得很、大得很,全球性挑战日益上升,应该也只能通过对话合作解决。国际上的事大家商量着办，同舟共济已经成为国际社会广泛共识。"习近平主席在联合国成立75周年纪念峰会上的讲话，展现了中国领导人对推动国际治理体系变革的深刻思考。

面向未来，中国将自身发展置于人类发展的宏大坐标系，始终做世界和平的建设者、全球发展的贡献者、国际秩序的维护者、公共产品的提供者，同各国人民携手并肩、守望相助，向着构建人类命运共同体的目标勇毅前行。

（新华社北京2022年9月28日电　新华社记者许可、马卓言、成欣）

推进中国特色大国外交　服务中华民族伟大复兴

2021年10月14日，工作人员在柬埔寨金边国际机场运输中国政府援助柬埔寨的科兴新冠疫苗。（新华社发 批隆摄）

附录一

党的十八大以来大事记

2012年11月

11月8日—14日　中国共产党第十八次全国代表大会举行。大会正式代表2268人,特邀代表57人,代表全国8200多万党员。胡锦涛作《坚定不移沿着中国特色社会主义道路前进,为全面建成小康社会而奋斗》的报告。大会总结过去5年的工作和过去10年的基本经验,确立科学发展观的历史地位,提出夺取中国特色社会主义新胜利的基本要求,确定全面建成小康社会和全面深化改革开放的目标,对新的时代条件下推进中国特色社会主义事业作出全面部署,对全面提高党的建设科学化水平提出明确要求。大会通过关于《中国共产党章程(修正案)》的决议,将科学发展观同马克思列宁主义、毛泽东思想、邓小平理论、"三个代表"重要思想一道确立为党的指导思想。大会选举产生第十八届中央委员会和中央纪律检查委员会,其中中央委员会委员205人、候补委员171人,中央纪律检查委员会委员130人。

11月15日　中共十八届一中全会举行。习近平主持并讲话。全会选举产生新一届中央政治局,共25人;选举习近平、李克强、张德江、俞正声、刘云山、王岐山、张高丽为中央政治局常委,习近平为中央委员会总书记；根据中央政治局常委会的提名，通过中央书记处成员，决定中央军事委员会组成人员，习近平为主席；批准中央纪律检查委员会书记、副书记和常委人选，王岐山为书记。同日，十八届中央纪委一次全会举行，选举中央纪律检查委员会书记、副书记和常委，报中央委员会批准。

同日　新当选的中共中央总书记习近平和其他中央政治局常委同采访党的十八大的中外记者见面。习近平指出，人民对美好生活的向往，就是我们的奋斗目标。我们的责任，就是要团结带领全党全国各族人民，接过历史的接力棒，继续为实现中华民族伟大复兴而努力奋斗；就是要团结带领全党全国各族人民，继续解放思想，坚持改革开放，不断解放和发展社会生产力，努力解决群众的生产生活困难，坚定不移走共同富裕的道路；就是要同全党同志一道，坚持党要管党、从严治党，切实解决自身存在的突出问题，切实改进工作作风，密切联系群众，使我们党始终成为中国特色社会主义事业的坚强领导核心。

11月16日　十八届中央政治局召开第一次会议，对学习宣传贯彻党的十八大精神进行研究部署，要求把全党全国各族人民的思想统一到党的十八大精神上来，把力量凝聚到实现党的十八大确定的各项任务上来，为实现党的十八大确定的奋斗目标和工作任务而奋斗。

同日　胡锦涛、习近平出席中央军委扩大会议。胡锦涛指出，习近平同志是合格的党的总书记，也是合格的中央军委主席，一定能够团结带领军委班子履行好肩负的重大历史责任。习近平高度评价胡锦涛同志为党和国家、为国防和军队建设建立的卓越功勋，强调军委班子和军队高级干部要忠心耿耿为党和人民工作，努力把国防和军队建设不断推向前进。

11月17日　十八届中央政治局就深入学习贯彻党的十八大精神进

行第一次集体学习。至 2017 年 9 月，围绕各种重大理论和实践问题共进行集体学习 43 次。

11 月 29 日　习近平、李克强、张德江、俞正声、刘云山、王岐山、张高丽等在国家博物馆参观《复兴之路》展览。习近平提出并阐述"中国梦"，强调实现中华民族伟大复兴，就是中华民族近代以来最伟大的梦想，坚信到中国共产党成立 100 年时全面建成小康社会的目标一定能实现，到新中国成立 100 年时建成富强民主文明和谐的社会主义现代化国家的目标一定能实现，中华民族伟大复兴的梦想一定能实现。

2012 年 12 月

12 月 4 日　中共中央政治局会议审议通过《十八届中央政治局关于改进工作作风、密切联系群众的八项规定》。11 日，中共中央印发这一规定，这是党的十八大召开以后制定的第一部重要党内法规。以习近平同志为核心的党中央以身作则，率先垂范，严格执行八项规定，各地区各部门陆续制定相应规定、细则并严格贯彻落实中央八项规定精神。至 2017 年 8 月底，全国累计查处违反中央八项规定精神问题 18.4 万起，处理党员干部 25 万人，给予党纪政纪处分 13.6 万人，包含省部级干部 20 人。

同日　首都各界纪念现行宪法公布施行 30 周年大会举行。习近平强调，要恪守宪法原则、弘扬宪法精神、履行宪法使命，把全面贯彻实施宪法提高到一个新水平。

12 月 4 日—8 日　王岐山出席在俄罗斯莫斯科举行的中俄总理定期会晤委员会第十六次会议和中俄能源谈判代表第九次会晤，在哈萨克斯坦阿斯塔纳举行的中哈合作委员会第六次会议。

12 月 6 日　中共中央纪委公布四川省委副书记李春城涉嫌严重违

纪接受组织调查，拉开了党的十八大以来查处腐败大案要案的序幕。至2017年6月底，共立案审查中管干部280多人、厅局级干部8600多人、县处级干部6.6万人。

12月7日—11日　习近平在广东深圳、珠海、佛山、广州等地考察，强调党的十八大向全党全国发出了深化改革开放新的宣言书、新的动员令，要增强改革的系统性、整体性、协同性，做到改革不停顿、开放不止步。

12月15日—16日　中央经济工作会议举行。习近平分析国际国内经济形势，提出2013年经济工作总体要求和主要任务。温家宝总结2012年经济工作，对2013年经济工作作出部署。李克强作总结讲话。会议强调，要紧紧围绕科学发展主题和加快转变经济发展方式主线，以提高经济增长质量和效益为中心，稳中求进，开拓创新，扎实开局，进一步深化改革开放，进一步强化创新驱动，加强和改善宏观调控，积极扩大国内需求，加大经济结构战略性调整力度，着力保障和改善民生，增强经济发展的内生活力和动力，保持物价总水平基本稳定，实现经济持续健康发展和社会和谐稳定。

12月24日—25日　习近平、俞正声走访各民主党派中央和全国工商联。习近平强调，要坚定不移坚持和完善中国共产党领导的多党合作和政治协商制度，支持民主党派更好履行参政党职能，为实现中共十八大确定的目标任务而奋斗。此前，11月30日至12月21日，中国国民党革命委员会、中国民主同盟、中国民主建国会、中国民主促进会、中国农工民主党、中国致公党、九三学社、台湾民主自治同盟等8个民主党派中央和中华全国工商业联合会分别进行换届选举。

12月27日　我国自主建设、独立运行的全球卫星导航系统——北斗卫星导航系统正式提供区域服务，范围覆盖包括我国及周边地区在内的亚太大部分地区。

12月28日　十一届全国人大常委会第三十次会议通过修订后的《中华人民共和国证券投资基金法》和《中华人民共和国老年人权益保障法》。

12月31日　中共中央、国务院印发《关于加快发展现代农业进一步增强农村发展活力的若干意见》。

2013年1月

1月5日—7日　新进中央委员会的委员、候补委员学习贯彻党的十八大精神研讨班举行。习近平强调，全党同志必须毫不动摇坚持和发展中国特色社会主义，永远要有逢山开路、遇河架桥的精神，在实践中不断有所发现、有所创造、有所前进。刘云山、张高丽作辅导报告。

1月16日　全国中小企业股份转让系统揭牌，非上市公司股份转让的小范围、区域性试点开始走向全国性市场运作。12月13日，国务院印发《关于全国中小企业股份转让系统有关问题的决定》。

1月17日　习近平在新华社《网民呼吁遏制餐饮环节"舌尖上的浪费"》材料上作出批示，要求厉行节约、反对浪费。11月18日，中共中央、国务院印发《党政机关厉行节约反对浪费条例》。依据这个条例，相继就党政机关经费管理、国内差旅、因公临时出国（境）、培训、公务接待、公务用车、会议活动、办公用房、基层党建活动、资源节约等方面出台系列党内法规和规范性文件。

1月18日　中共中央、国务院举行国家科学技术奖励大会。党的十八大以来，共举行5次奖励大会。郑哲敏、王小谟、张存浩、程开甲、于敏、赵忠贤、屠呦呦先后获国家最高科学技术奖。

1月21日—22日　十八届中央纪委二次全会举行。习近平强调，要更加科学有效地防治腐败，坚定不移把党风廉政建设和反腐败斗争引向深入，形成不敢腐的惩戒机制、不能腐的防范机制、不易腐的保障机制。王岐山作工作报告。

1月26日　我国自主研制的运—20大型运输机首次试飞成功。2016年7月6日，运—20正式列装空军航空兵部队。

2013年2月

2月3日　国务院批转国家发展改革委、财政部、人力资源社会保障部《关于深化收入分配制度改革的若干意见》。

2月23日　国务院印发《国家重大科技基础设施建设中长期规划（2012—2030年）》。2013年，国务院印发的文件还有《关于促进海洋渔业持续健康发展的若干意见》《关于促进光伏产业健康发展的若干意见》《关于加快发展节能环保产业的意见》《"宽带中国"战略及实施方案》《关于改革铁路投融资体制加快推进铁路建设的意见》《关于加快发展养老服务业的若干意见》《关于化解产能严重过剩矛盾的指导意见》等。国务院公布的行政法规有《征信业管理条例》《铁路安全管理条例》《中华人民共和国外国人入境出境管理条例》等。

2月26日—28日　中共十八届二中全会举行。习近平代表中央政治局向全会报告工作并发表讲话。李克强就《国务院机构改革和职能转变方案（讨论稿）》作说明。全会通过拟向十二届全国人大一次会议推荐的国家机构领导人员人选建议名单和拟向全国政协十二届一次会议推荐的全国政协领导人员人选建议名单，通过《国务院机构改革和职能转变方案》，建议国务院将方案提交十二届全国人大一次会议审议。

2月27日　十一届全国人大常委会第三十一次会议通过全国人大常委会代表资格审查委员会关于十二届全国人大代表的代表资格的审查报告。十二届全国人大代表选举是2010年修改选举法后，首次实行城乡按相同人口比例进行的选举。

2月28日　国务院发出通知，决定以2015年6月30日为标准时点，开展第一次全国地理国情普查。2017年4月24日，普查公报正式发布。

2013年3月

3月1日　习近平出席中共中央党校建校80周年庆祝大会暨2013年春季学期开学典礼，强调要在全党大兴学习之风，依靠学习和实践走向未来，全党同志特别是各级领导干部都要有加强学习的紧迫感，都要一刻不停地增强本领。

3月3日—12日　全国政协十二届一次会议举行。贾庆林作全国政协常委会工作报告。会议选举俞正声为全国政协主席。

3月5日—17日　十二届全国人大一次会议举行。温家宝作政府工作报告。吴邦国作全国人大常委会工作报告。会议选举习近平为国家主席、国家中央军委主席，张德江为全国人大常委会委员长，李源潮为国家副主席；决定李克强为国务院总理；批准《国务院机构改革和职能转变方案》。17日，习近平发表讲话，强调实现中国梦必须走中国道路，弘扬中国精神，凝聚中国力量。

3月11日　习近平出席十二届全国人大一次会议解放军代表团全体会议，指出建设一支听党指挥、能打胜仗、作风优良的人民军队，是党在新形势下的强军目标。

3月12日—13日　全国政协十二届常委会第一次会议举行。俞正声主持并讲话，强调要切实增强做好政协工作的责任感和使命感，在全面建成小康社会的伟大实践和伟大征程中发挥更大作用。至2017年8月，全国政协十二届常委会共举行22次会议。

3月19日　十二届全国人大常委会第一次会议举行。张德江主持并讲话，强调要坚定不移走中国特色社会主义政治发展道路，坚持和完善人民代表大会制度，坚持依法治国，推动人大工作迈出新步伐、迈上新台阶。至 2017 年 9 月，十二届全国人大常委会共举行 29 次会议；十二届全国人大及其常委会共制定法律 22 件、修改法律 110 件次、通过有关法律问题和重大问题的决定 37 件、作出法律解释 9 件，我国现行有效法律共 260 件。

3 月 20 日　新一届国务院召开第一次全体会议，对政府工作进行部署，并提出要坚决落实向社会承诺的"约法三章"，即本届任期内，政府性的楼堂馆所一律不得新建，财政供养的人员只减不增，"三公"经费只减不增。

3 月 22 日—30 日　习近平对俄罗斯、坦桑尼亚、南非、刚果共和国进行国事访问，并出席在南非德班举行的金砖国家领导人第五次会晤。23 日，在俄罗斯莫斯科国际关系学院发表演讲，提出命运共同体理念，呼吁建立以合作共赢为核心的新型国际关系。25 日，在坦桑尼亚尼雷尔国际会议中心发表演讲，阐述真实亲诚的对非政策理念。27 日，在金砖国家领导人德班会晤上发表讲话，提出建立贸易投资大市场、货币金融大流通、基础设施大联通、人文大交流的四大目标。

2013 年 4 月

4 月 4 日　中共中央办公厅、国务院办公厅、中央军委办公厅印发《关于进一步加强烈士纪念工作的意见》。

4 月 6 日—8 日　博鳌亚洲论坛 2013 年年会在海南博鳌举行。习近平出席开幕式并发表《共同创造亚洲和世界的美好未来》的主旨演讲。

4 月 15 日　中国与冰岛签署自贸协定。此后，中国相继与瑞士、韩国、澳大利亚、格鲁吉亚签署自贸协定。

4月20日 四川省雅安市芦山县发生7.0级地震,给当地人民生命财产造成重大损失。习近平立即作出指示,要求千方百计救援受灾群众,最大限度减少伤亡,并前往灾区指导抗震救灾工作。李克强作出批示并赴灾区指导工作。在中共中央、国务院、中央军委领导下,广大军民团结奋战,夺取了抗震救灾斗争胜利。7月6日、15日,国务院先后印发《芦山地震灾后恢复重建总体规划》和《关于支持芦山地震灾后恢复重建政策措施的意见》。至2016年6月底,灾后重建目标基本如期完成。

4月22日—26日 王岐山等中央纪委监察部领导班子成员一对一约谈53位派驻中央和国家机关各部委纪检组组长、纪委书记,督促担负起管党治党责任、推进中央八项规定精神落实。此后,各省级纪委也相继建立约谈制度。

4月24日 国务院常务会议决定第一批先行取消和下放71项行政审批事项。至2017年9月,国务院部门取消和下放行政审批事项的比例超过40%;非行政许可审批彻底终结;清理规范国务院部门行政审批中介服务事项超过70%。

4月25日 十二届全国人大常委会第二次会议通过《中华人民共和国旅游法》。

4月25日—26日 法国总统奥朗德对中国进行国事访问。习近平同奥朗德会谈,双方决定进一步深化中法新型全面战略伙伴关系。李克强、张德江分别会见奥朗德。

4月26日 我国成功发射高分辨率对地观测系统首星高分一号。至2016年8月,共发射4颗高分专项卫星,高分二号标志着我国民用遥感卫星跨入亚米级时代,高分四号是世界首颗地球同步轨道高分辨率光学成像卫星。

2013年5月

5月9日　中共中央印发《关于在全党深入开展党的群众路线教育实践活动的意见》。党的群众路线教育实践活动以为民务实清廉为主要内容，从2013年6月开始，自上而下分两批开展，至2014年9月底基本结束。2013年6月18日，党的群众路线教育实践活动工作会议举行，习近平强调要集中整治形式主义、官僚主义、享乐主义和奢靡之风这"四风"问题。此后，中央政治局常委同志分别出席指导联系点省区党委常委班子和县委常委班子专题民主生活会。2014年10月8日，党的群众路线教育实践活动总结大会举行，习近平对新形势下全面推进从严治党提出8点明确要求。

5月10日　我国海军正式组建首支舰载航空兵部队。

5月17日—18日　中央巡视工作动员暨培训会议举行。王岐山讲话。十八届中央共开展12轮巡视，巡视277个地方、单位党组织，对16个省区市开展"回头看"，对4个单位进行"机动式"巡视，实现对省区市和新疆生产建设兵团、中央和国家机关、国有重要骨干企业、中央金融单位和中管高校的巡视全覆盖。巡视工作聚焦坚持党的领导、加强党的建设、全面从严治党，以"四个意识"为政治标杆，以党章党纪党规为尺子，坚定"四个自信"，查找政治偏差，充分发挥政治"显微镜"和政治"探照灯"作用。

5月19日—27日　李克强对印度、巴基斯坦、瑞士、德国进行正式访问。

5月27日　全国纪检监察系统开展会员卡专项清退活动电视电话会议举行。王岐山讲话。6月20日，81万名专兼职纪检监察干部全部按时递交会员卡零持有报告书。

5月31日　国务院常务会议围绕转变政府职能通过一批法律修正

案草案和废止、修改部分行政法规的决定。至 2017 年 8 月，为转变政府职能、推动"简政放权、放管结合、优化服务"改革，全国人大常委会共修改有关法律 54 部，国务院废止行政法规 6 部、修改行政法规 125 部。

5 月 31 日—6 月 8 日 习近平对特立尼达和多巴哥、哥斯达黎加、墨西哥进行国事访问，在特多同加勒比 9 个建交国领导人举行会晤并在美国举行中美元首会晤。6 月 7 日至 8 日，在加利福尼亚州安纳伯格庄园同美国总统奥巴马会晤，双方同意共同构建中美新型大国关系，相互尊重，合作共赢，造福两国人民和世界人民。

2013 年 6 月

6 月 11 日—26 日 搭载着聂海胜、张晓光、王亚平 3 位航天员的神舟十号载人飞船成功发射并顺利返回着陆。在轨飞行期间，神舟十号与天宫一号目标飞行器成功进行自动和手控交会对接，并首次开展中国航天员太空授课活动。

6 月 13 日 习近平会见中国国民党荣誉主席吴伯雄，提出坚持从中华民族整体利益的高度把握两岸关系大局、坚持在认清历史发展趋势中把握两岸关系前途等 4 点意见。

6 月 17 日—20 日 中国共产主义青年团第十七次全国代表大会举行。刘云山代表中共中央致祝词。20 日，习近平同团中央新一届领导班子成员集体谈话，强调共青团要紧跟党走在时代前列、走在青年前列，团结带领广大青年在实现中华民族伟大复兴的征途中续写新的光荣。

6 月 21 日 海峡两岸关系协会与台湾海峡交流基金会在上海签署《海峡两岸服务贸易协议》。

6 月 28 日—29 日 全国组织工作会议举行。习近平强调，实现党的十八大确定的各项目标任务,进行具有许多新的历史特点的伟大斗争,关键在党,关键在人,并明确提出信念坚定、为民服务、勤政务实、敢于担当、清正廉洁的新时期好干部标准。刘云山讲话。

6月29日　十二届全国人大常委会第三次会议通过《中华人民共和国特种设备安全法》。

2013年7月

7月4日　国务院印发《关于加快棚户区改造工作的意见》,提出2013年至2017年改造各类棚户区1000万户。2015年6月,国务院印发文件,提出棚改3年计划,即从2015年至2017年,改造各类棚户区住房1800万套。2017年5月,国务院确定实施2018年至2020年3年棚改攻坚计划,再改造各类棚户区住房1500万套。

7月9日、16日　李克强在广西南宁和北京分别主持召开经济形势座谈会,明确提出区间调控思路。此后,在2014年和2015年的经济形势座谈会上,又相继提出实施定向调控和相机调控。

7月14日　中共中央办公厅、国务院办公厅印发《关于党政机关停止新建楼堂馆所和清理办公用房的通知》。2013年,中共中央办公厅、国务院办公厅印发的文件还有《关于依法处理涉法涉诉信访问题的意见》《关于创新群众工作方法解决信访突出问题的意见》等。

7月19日—21日　生态文明贵阳国际论坛2013年年会举行。习近平致贺信,强调中国将同世界各国携手共建生态良好的地球美好家园。张高丽出席开幕式并讲话。

7月20日　中国人民银行决定,除个人住房贷款利率浮动区间暂不调整外,金融机构贷款利率管制全面放开。2015年10月24日,中国人民银行决定取消对商业银行和农村合作金融机构等的存款利率浮动上限。至此，中国的利率市场化改革取得关键性进展。

7月29日　中共中央印发《关于废止和宣布失效一批党内法规和规范性文件的决定》。2014年10月24日，中共中央印发《关于再废止和宣布失效一批党内法规和规范性文件的决定》。这两个决定分别对1978年至2012年6月、新中国成立至1977年出台的中央党内法规和规范性文件进行集中清理，共全面筛查2.3万多件中央文件，梳理出1178件中央党内法规和规范性文件，废止322件、宣布失效369件。这在党的历史上是第一次。2015年、2016年，国务院也开展了文件清理工作，共宣布995件国务院文件失效。

2013年8月

8月17日　国务院正式批准设立中国（上海）自由贸易试验区。至2017年，自贸试验区试点已扩大至广东、天津、福建、辽宁、浙江、河南、湖北、重庆、四川、陕西等地。

8月19日—20日　全国宣传思想工作会议举行。习近平强调，宣传思想工作一定要把围绕中心、服务大局作为基本职责，胸怀大局、把握大势、着眼大事；要巩固马克思主义在意识形态领域的指导地位，巩固全党全国人民团结奋斗的共同思想基础。刘云山讲话。

8月22日—26日　山东省济南市中级人民法院一审公开开庭审理薄熙来受贿、贪污、滥用职权一案，并于9月22日作出一审判决。10月25日，山东省高级人民法院终审判决薄熙来无期徒刑，剥夺政治权利终身，并处没收个人全部财产。

2013年9月

9月2日　中共中央纪委监察部网站正式开通，并开设全国纪检监察机关12388举报窗口。王岐山调研网站建设并开通网站。

9月3日 中共中央纪委和中央党的群众路线教育实践活动领导小组印发《关于落实中央八项规定精神坚决刹住中秋国庆期间公款送礼等不正之风的通知》。11月21日，中央纪委再次印发《关于严禁元旦春节期间公款购买赠送烟花爆竹等年货节礼的通知》。12月15日，中央纪委印发《关于10起违反中央八项规定精神典型问题的通报》，要求各级领导机关、领导干部不折不扣地执行中央纪委有关严禁公款购买赠送贺年卡、烟花爆竹等年货节礼通知要求，令行禁止，带头正风肃纪，自觉接受监督。

9月3日—13日 习近平对土库曼斯坦、哈萨克斯坦、乌兹别克斯坦、吉尔吉斯斯坦进行国事访问，并出席在俄罗斯圣彼得堡举行的二十国集团领导人第八次峰会、在吉尔吉斯斯坦比什凯克举行的上海合作组织成员国元首理事会第十三次会议。5日，在二十国集团领导人峰会上发表《共同维护和发展开放型世界经济》的主旨讲话。7日，在哈萨克斯坦纳扎尔巴耶夫大学发表演讲，提出共同建设"丝绸之路经济带"的倡议。

9月10日 国务院印发《大气污染防治行动计划》。2015年4月2日，印发《水污染防治行动计划》。2016年5月28日，印发《土壤污染防治行动计划》。至此，针对我国面临的大气、水、土壤环境污染问题的3个行动计划全部制定出台。

9月11日 国务院食品安全委员会召开第一次全体会议，研究食品安全监管政策措施。张高丽讲话。

9月18日 京津冀及周边地区大气污染防治工作会议举行，对北京、天津、河北、山西、内蒙古、山东等6个省区市加快推进大气污染综合治理工作进行动员和部署。张高丽讲话。

9月25日 中共中央、国务院印发《关于地方政府职能转变和机构改革的意见》。

9月26日 习近平会见第四届全国道德模范及提名奖获得者,强调要深入开展学习宣传道德模范活动,为实现中华民族伟大复兴的中国梦凝聚起强大的精神力量和有力的道德支撑。刘云山出席座谈会并讲话。

2013年10月

10月2日—8日 习近平对印度尼西亚、马来西亚进行国事访问,并出席在印度尼西亚巴厘岛举行的亚太经合组织第二十一次领导人非正式会议。2日,在雅加达同印度尼西亚总统苏西洛会谈,倡议筹建亚洲基础设施投资银行。3日,在印度尼西亚国会发表演讲,提出共同建设"21世纪海上丝绸之路"的倡议。

10月10日—16日 中共中央纪委、中央组织部、国家行政学院首次举办省部级领导干部廉洁从政研修班。16日,王岐山出席研修班座谈会并讲话。

10月18日—22日 中国工会第十六次全国代表大会举行。刘云山代表中共中央致祝词。23日,习近平同中华全国总工会新一届领导班子成员集体谈话,强调工会要竭诚为职工群众服务,切实维护职工群众权益,为实现中国梦再创新业绩、再建新功勋。

10月19日 中共中央组织部印发《关于进一步规范党政领导干部在企业兼职(任职)问题的意见》。此后,中共中央组织部等部门还印发《配偶已移居国(境)外的国家工作人员任职岗位管理办法》《关于严禁超职数配备干部的通知》《关于加强干部选拔任用工作监督的意见》等文件,连续集中开展违反干部任用标准和程序、领导干部违规兼职、"裸官"等重点整治工作。

10月21日　欧美同学会成立100周年庆祝大会举行。习近平提出支持留学、鼓励回国、来去自由、发挥作用的新时期留学人员工作方针，希望广大留学人员脚踏着祖国大地，胸怀着人民期盼，为实现中华民族伟大复兴的中国梦书写出无愧于时代、无愧于人民、无愧于历史的绚丽篇章。

10月22日　全国政协召开第一次双周协商座谈会，就如何统筹稳增长、调结构、促改革，保持经济发展良好势头议政建言。俞正声主持并讲话。双周协商座谈会是在继承"双周座谈会"历史传统基础上创设的新的协商形式。至2017年9月，十二届全国政协共召开74次双周协商座谈会。

同日　中共中央印发《关于印发〈科学发展观学习纲要〉的通知》。2013年，中共中央印发的文件还有《中央党内法规制定工作五年规划纲要（2013—2017年）》《建立健全惩治和预防腐败体系2013—2017年工作规划》等。

10月24日—25日　中共中央首次召开周边外交工作座谈会。习近平强调，要坚持与邻为善、以邻为伴，突出体现亲、诚、惠、容的理念，为我国发展争取良好周边环境。会议确定此后5年至10年周边外交工作的战略目标、基本方针、总体布局。

10月28日—31日　中国妇女第十一次全国代表大会举行。王岐山代表中共中央致祝词。31日，习近平同全国妇联新一届领导班子成员集体谈话，强调必须坚持男女平等基本国策，充分发挥我国妇女伟大作用，为实现"两个一百年"奋斗目标、实现中华民族伟大复兴的中国梦而奋斗。

2013年11月

11月3日—5日　习近平在湖南湘西、长沙等地考察，首次提出"精准扶贫"理念，强调抓扶贫开发，既要整体联动、有共性的要求和措施，又要突出重点、加强对特困村和特困户的帮扶。2015年6月18日，习近平在贵州召开部分省区市党委主要负责同志座谈会，进一步提出扶持对象精准、项目安排精准、资金使用精准、措施到户精准、因村派人精准、脱贫成效精准等6个方面的精准扶贫要求。

11月4日—8日 第一期省部级干部学习贯彻习近平总书记系列讲话精神研讨班举行。刘云山强调，要以高度的政治自觉抓好习近平总书记系列重要讲话的学习贯彻，切实把思想和行动统一到讲话精神上来。从2013年11月到2014年4月，中共中央组织部和中央党校共举办7期省部级干部学习贯彻习近平总书记系列重要讲话精神研讨班，连同参加常规培训的共有2300多名在职省部级干部参加集中学习轮训。

11月9日—12日 中共十八届三中全会举行。习近平代表中央政治局向全会报告工作，就《中共中央关于全面深化改革若干重大问题的决定（讨论稿）》作说明，并发表讲话。全会审议通过《中共中央关于全面深化改革若干重大问题的决定》。全会强调，全面深化改革的总目标是完善和发展中国特色社会主义制度，推进国家治理体系和治理能力现代化；要求到2020年，在重要领域和关键环节改革上取得决定性成果，形成系统完备、科学规范、运行有效的制度体系，使各方面制度更加成熟更加定型。全会指出，经济体制改革核心问题是处理好政府和市场的关系，使市场在资源配置中起决定性作用和更好发挥政府作用。

11月15日 南水北调东线一期工程正式通水。2014年12月12日，中线一期工程正式通水。

11月20日—21日 第十六次中国—欧盟领导人会晤在北京举行。习近平会见欧洲理事会主席范龙佩和欧盟委员会主席巴罗佐，强调要准确定位中欧全面战略伙伴关系，实现中欧合作创新发展。李克强同范龙佩、巴罗佐共同主持会晤。双方发表《中欧合作2020战略规划》。

11月23日 中国政府宣布划设东海防空识别区。

11月29日 国家统计局发布的《关于2013年粮食产量的公告》显示，2013年全国粮食总产量60193.5万吨，首次突破60000万吨大关，实现10年连续增产。

2013年12月

12月2日 嫦娥三号探测器发射成功。15日，首次实现我国航天器在地外天体软着陆和巡视勘察，标志着我国探月工程全面实现第二步战略目标。

12月2日—4日 英国首相卡梅伦对中国进行正式访问。习近平会见卡梅伦，强调要规划好中英关系未来，推动两国合作长期健康发展。李克强同卡梅伦举行中英总理年度会晤。张德江会见卡梅伦。

12月10日—13日 中央经济工作会议举行。习近平分析当前国内外经济形势，总结2013年经济工作，提出2014年经济工作的总体要求和主要任务。李克强对2014年经济工作作出具体部署并作总结讲话。会议强调，要坚持稳中求进工作总基调，把改革创新贯穿于经济社会发展各个领域各个环节，保持宏观经济政策连续性和稳定性，着力激发市场活力，加快转方式调结构，加强基本公共服务体系建设，着力改善民生，切实提高经济发展质量和效益，促进经济持续健康发展、社会和谐稳定。

12月11日 中共中央办公厅印发《关于培育和践行社会主义核心价值观的意见》。25日，中共中央办公厅、国务院办公厅印发《关于进一步把社会主义核心价值观融入法治建设的指导意见》。

12月12日—13日 中央城镇化工作会议举行。习近平分析城镇化发展形势，明确提出推进城镇化的指导思想、主要目标、基本原则、重点任务。李克强就推进城镇化作出具体部署并作总结讲话。会议提出以人为本、优化布局、生态文明、传承文化等基本原则，明确推进农业转移人口市民化、提高城镇建设用地利用效率、建立多元可持续的资金保障机制、优化城镇化布局和形态、提高城镇建设水平、加强对城镇化的管理等6项主要任务。这是改革开放以来中央召开的第一次城镇化工作会议。2014年3月12日，中共中央、国务院印发《国家新型城镇化规划（2014—2020年）》。2016年2月2日，国务院印发《关于深入推进新型城镇化建设的若干意见》。

12月21日 中共中央、国务院印发《关于调整完善生育政策的意见》，提出单独两孩的政策。2015年12月31日，中共中央、国务院印发《关于实施全面两孩政策改革完善计划生育服务管理的决定》。2016年1月1日，修改后的《中华人民共和国人口与计划生育法》正式实施，明确国家提倡一对夫妻生育两个子女。

12月23日—24日 中央农村工作会议举行。习近平阐述推进农村改革发展若干具有方向性和战略性的重大问题。李克强就重点任务作出具体部署。2014年1月2日，中共中央、国务院印发《关于全面深化农村改革加快推进农业现代化的若干意见》，提出抓紧构建新形势下以我为主、立足国内、确保产能、适度进口、科技支撑的国家粮食安全战略。

12月26日 中共中央举行纪念毛泽东同志诞辰120周年座谈会。习近平科学评价毛泽东同志和毛泽东思想的历史功绩和历史地位，系统论述毛泽东思想活的灵魂的基本内涵和时代要求，强调必须毫不动摇走党和人民在长期实践探索中开辟出来的正确道路，把中国特色社会主义伟大事业继续推向前进。

12月28日　十二届全国人大常委会第六次会议通过《关于废止有关劳动教养法律规定的决定》。

12月30日　中共中央政治局会议决定成立中央全面深化改革领导小组,习近平任组长,李克强、刘云山、张高丽任副组长。2014年1月22日,中央全面深化改革领导小组召开第一次会议。习近平强调,要把握大局、审时度势、统筹兼顾、科学实施,坚定不移朝着全面深化改革目标前进。会议决定下设经济体制和生态文明体制改革、民主法制领域改革、文化体制改革、社会体制改革、党的建设制度改革、纪律检查体制改革6个专项小组。至2017年8月,中央全面深化改革领导小组共召开38次会议,审议通过一大批重要改革文件,中央和国家机关有关部门推出1500多项改革举措,主要领域四梁八柱性质的改革主体框架已经基本确立。

2014年1月

1月7日—8日　中央政法工作会议举行。习近平强调,要把维护社会大局稳定作为基本任务,把促进社会公平正义作为核心价值追求,把保障人民安居乐业作为根本目标,坚持严格执法公正司法,深化司法体制改革,加强和改进政法工作。

1月13日—15日　十八届中央纪委三次全会举行。习近平强调,要强化反腐败体制机制创新和制度保障,严明党的纪律,坚持不懈纠正"四风",保持惩治腐败高压态势。王岐山作工作报告。

1月14日　中共中央印发修订后的《党政领导干部选拔任用工作条例》。

1月21日　国务院印发《国家集成电路产业发展推进纲要》。2014年,国务院印发的文件还有《关于建立统一的城乡居民基本养老保险制度的意见》《关于改进加强中央财政科研项目和资金管理的若干意见》《关于进一步优化企业兼并重组市场环境的意见》《关于进一步促进资本市场健康发展的若干意见》《关于促进市场公平竞争维护市场正常秩序的若干意见》《关于进一步做好为农民工服务工作的意见》《关于加强地方政府性债务管理的意见》《关于加强审计工作的意见》《关于扶持小型微型企业健康发展的意见》《关于促进慈善事业健康发展的指导意见》《关于改革和完善中央对地方转移支付制度的意见》等。国务院公布的行政法规有《社会救助暂行办法》《事业单位人事管理条例》《不动产登记暂行条例》等。

1月24日　中共中央政治局会议研究决定中央国家安全委员会设置，习近平任主席，李克强、张德江任副主席。4月15日，中央国家安全委员会召开第一次会议。习近平强调，要坚持总体国家安全观，走出一条中国特色国家安全道路。

2014年2月

2月7日　习近平出席在俄罗斯索契举行的第二十二届冬奥会开幕式，这是中国国家元首首次出席在境外举行的大型国际体育赛事开幕式。在本届冬奥会上，中国体育代表团获得3枚金牌、4枚银牌、2枚铜牌，居金牌榜第十二位。此前，6日，习近平会见俄罗斯总统普京，两国元首共同与参加叙利亚化学武器海运联合护航的中俄军舰指挥员视频通话。

同日　国务院印发《注册资本登记制度改革方案》，明确"实缴制"改为"认缴制"，企业年检制度改为年报公示制度。

2月11日　国务院台湾事务办公室与台湾方面大陆委员会负责人在江苏南京举行首次正式会面。6月25日，两岸事务主管部门负责人在台湾桃园举行第二次会面。这标志着两岸事务主管部门建立常态化联系沟通机制。

2月17日—21日　省部级主要领导干部学习贯彻十八届三中全会精神全面深化改革专题研讨班举行。习近平强调，要完善和发展中国特色社会主义制度、推进国家治理体系和治理能力现代化。李克强、刘云山、张高丽作报告。

2月18日　习近平会见中国国民党荣誉主席连战，希望两岸双方秉持"两岸一家亲"的理念，共圆中华民族伟大复兴的中国梦。

2月24日　国家统计局发布的2013年国民经济和社会发展统计公报显示，我国第三产业增加值比重首次超过第二产业，达到46.1%。2016年2月29日发布的2015年国民经济和社会发展统计公报显示，我国第三产业增加值比重为50.5%，首次突破50%。

2月26日　习近平听取京津冀协同发展专题汇报，强调实现京津冀协同发展是重大国家战略。此前，2013年8月，习近平在北戴河主持会议研究河北发展问题，提出推动京津冀协同发展。

2月27日　中央网络安全和信息化领导小组召开第一次会议。习近平强调，要总体布局，统筹各方，创新发展，努力把我国建设成为网络强国。

同日　十二届全国人大常委会第七次会议通过《关于确定中国人民抗日战争胜利纪念日的决定》和《关于设立南京大屠杀死难者国家公祭日的决定》，将9月3日确定为中国人民抗日战争胜利纪念日，将12月13日设立为南京大屠杀死难者国家公祭日。

2014年3月

3月3日—12日　全国政协十二届二次会议举行。俞正声作全国政协常委会工作报告。

3月5日—13日　十二届全国人大二次会议举行。李克强作政府工作报告。张德江作全国人大常委会工作报告。

3月7日 中央军委印发《关于提高军事训练实战化水平的意见》。

3月8日 马来西亚航空公司MH370航班在从吉隆坡飞往北京的途中失联,机上共有包括154名中国籍乘客在内的239人。习近平立即作出指示,要求全力做好应急处置和中国公民善后工作。李克强作出批示。中国政府投入海、空、天、潜立体力量,尽最大努力参与国际大搜救,全力协助中国籍乘客家属做好善后工作。

3月9日 习近平参加十二届全国人大二次会议安徽代表团审议,提出"三严三实"的要求,强调各级领导干部都要树立和发扬好的作风,既严以修身、严以用权、严以律己,又谋事要实、创业要实、做人要实。

3月15日 中央军委深化国防和军队改革领导小组召开第一次全体会议。习近平强调,要坚持用强军目标审视改革、以强军目标引领改革、围绕强军目标推进改革,确保深化国防和军队改革工作起好步、开好局。

同日 中共中央决定对徐才厚涉嫌违纪问题进行组织调查。6月30日,中央政治局会议决定给予徐才厚开除党籍处分,对其涉嫌受贿犯罪问题及线索移送最高人民检察院授权军事检察机关依法处理。中央军委决定开除徐才厚军籍、取消其上将军衔。2015年3月15日,由于徐才厚病亡,军事检察院对徐才厚作出不起诉决定,其涉嫌受贿犯罪所得依法处理。

3月19日 中共中央办公厅、国务院办公厅印发《关于深化司法体制和社会体制改革的意见》。此后,中共中央政法委出台相关文件,在全国陆续开展以完善司法责任制、完善司法人员分类管理制度、健全司法人员职业保障制度、推动省以下地方法院检察院人财物统一管理为内容的司法责任制改革。

3月22日—4月1日 习近平出席在荷兰海牙举行的第三届核安全峰会，对荷兰、法国、德国、比利时进行国事访问，并访问联合国教科文组织总部、欧盟总部。24日，在核安全峰会上首次提出理性、协调、并进的核安全观。31日，在欧盟总部访问时提出共同打造中欧和平、增长、改革、文明四大伙伴关系。这是中欧建交以来中国国家元首对欧盟总部的首次访问。

3月28日 437位在韩中国人民志愿军烈士遗骸回归祖国。张高丽在沈阳出席在韩中国人民志愿军烈士遗骸回国迎接仪式并讲话。至2017年3月，中韩已交接四批在韩志愿军烈士遗骸。

2014年4月

4月10日 中央军委印发《关于贯彻落实军委主席负责制建立和完善相关工作机制的意见》。

4月24日 十二届全国人大常委会第八次会议通过修订后的《中华人民共和国环境保护法》。

4月28日 李克强在重庆召集沿江11个省（市）政府主要负责人座谈，研究依托黄金水道建设长江经济带问题。9月12日，国务院印发《关于依托黄金水道推动长江经济带发展的指导意见》。

2014年5月

5月2日 国务院印发《关于加快发展现代职业教育的决定》。6月23日至24日，国务院召开全国职业教育工作会议。

5月4日—11日 李克强对埃塞俄比亚和非洲联盟总部、尼日利亚、安哥拉、肯尼亚进行正式访问，并出席在尼日利亚阿布贾举行的第二十四届世界经济论坛非洲峰会全会。

5月7日　习近平会见亲民党主席宋楚瑜，指出推动两岸关系和平发展的方针政策不会改变，促进两岸交流合作、互利共赢的务实举措不会放弃，团结台湾同胞共同奋斗的真诚热情不会减弱，制止"台独"分裂图谋的坚强意志不会动摇。

5月9日—10日　习近平在河南开封、郑州等地考察工作，首次提出"新常态"重要论断，强调要从当前我国经济发展的阶段性特征出发，适应新常态，保持战略上的平常心态。

5月19日　纪检监察机关"转职能、转方式、转作风"专题研讨班举行。王岐山讲话。

5月21日　亚洲相互协作与信任措施会议第四次峰会在上海举行。习近平主持峰会并发表《积极树立亚洲安全观，共创安全合作新局面》的主旨讲话。峰会发表《上海宣言》。

同日　国务院常务会议确定分步建设172项重大水利工程。至2017年8月，已开工115项。

5月28日　中共中央办公厅印发《中国共产党发展党员工作细则》。2014年，中共中央办公厅印发的文件还有《深化党的建设制度改革实施方案》等。

5月28日—29日　第二次中央新疆工作座谈会举行。习近平强调，社会稳定和长治久安是新疆工作的总目标，要坚持依法治疆、团结稳疆、长期建疆，团结各族人民建设社会主义新疆。李克强、俞正声讲话。

5月30日　国务院常务会议决定开展第一次大督查，对已出台政策措施落实情况进行全面督查和问责。此后，国务院每年开展1次大督查。

2014年6月

6月5日 中国—阿拉伯国家合作论坛第六届部长级会议在北京举行。习近平出席开幕式并发表《弘扬丝路精神,深化中阿合作》的讲话。

6月9日—13日 中国科学院第十七次院士大会、中国工程院第十二次院士大会举行。习近平强调,要实施创新驱动发展战略,坚定不移走中国特色自主创新道路,坚持自主创新、重点跨越、支撑发展、引领未来的方针,加快创新型国家建设步伐。

6月10日 国务院新闻办发表《"一国两制"在香港特别行政区的实践》白皮书。这是中央政府第一次发表关于"一国两制"及香港问题的白皮书。

6月14日 经中共中央批准,中央纪委对苏荣进行立案审查。2015年2月12日,中央政治局会议决定给予苏荣开除党籍、开除公职处分,将其涉嫌犯罪问题及线索移送司法机关依法处理。2017年1月23日,山东省济南市中级人民法院依法对苏荣受贿、滥用职权、巨额财产来源不明案进行一审公开宣判,决定执行无期徒刑,剥夺政治权利终身,并处没收个人全部财产。

6月25日 中共中央、国务院印发《关于加强禁毒工作的意见》。9月29日,全国禁毒工作会议决定,从2014年10月至2015年3月,在公安部确定的108个重点城市开展为期半年的百城禁毒会战。会战期间,全国共破获毒品犯罪案件11.5万余起,缴获毒品43.3吨。

6月27日 中央决定设立中央反腐败协调小组国际追逃追赃工作办公室。2015年3月26日,中央反腐败协调小组国际追逃追赃工作办公室首次启动针对外逃腐败分子的"天网"行动;4月22日,国际刑警组织中国国家中心局集中公布100名涉嫌犯罪外逃国家工作人员、重要腐败案件涉案人等人员的红色通缉令。至2017年8月31日,通过"天网行动"先后从90多个国家和地区追回外逃人员3339人，其中国家工作人员628人，"百名红通人员"44人，追回赃款93.6亿元。

6月28日　和平共处五项原则发表60周年纪念大会在北京举行。习近平发表主旨讲话，强调要弘扬和平共处五项原则，建设合作共赢美好世界。

6月30日　中共中央政治局会议审议通过《深化财税体制改革总体方案》。

2014年7月

7月3日—4日　习近平对韩国进行国事访问。

7月9日　习近平出席在北京举行的第六轮中美战略与经济对话和第五轮中美人文交流高层磋商联合开幕式，并发表《努力构建中美新型大国关系》的致辞。

7月12日　中共中央办公厅、国务院办公厅印发《关于全面推进公务用车制度改革的指导意见》和《中央和国家机关公务用车制度改革方案》。至2015年12月，中央和国家机关本级公车改革工作全面完成。至2017年上半年，除西藏、新疆和新疆生产建设兵团外，其他29个省份党政机关公务用车改革工作基本完成。

7月15日—23日　习近平出席在巴西福塔莱萨举行的金砖国家领导人第六次会晤，对巴西、阿根廷、委内瑞拉和古巴进行国事访问，并出席中国—拉美和加勒比国家领导人会晤。15日，在金砖国家领导人会晤时决定成立金砖国家新开发银行并将总部设在上海，建立金砖国家应急储备安排。17日，在中国—拉美和加勒比国家领导人会晤时决定成立中国—拉美和加勒比国家共同体论坛。

7月24日　国务院印发《关于进一步推进户籍制度改革的意见》，

提出全面放开建制镇和小城市落户限制,有序放开中等城市落户限制,合理确定大城市落户条件,严格控制特大城市人口规模,努力实现1亿左右农业转移人口和其他常住人口在城镇落户。11月17日,国务院召开全国进一步推进户籍制度改革工作电视电话会议。张高丽讲话。

7月26日 海南省三沙市永兴(镇)工委、管委会在永兴岛揭牌成立,标志着三沙市西沙岛礁基层政权的建立。

7月29日 中共中央决定对周永康严重违纪问题立案审查。12月5日,中央政治局会议决定给予周永康开除党籍处分,对其涉嫌犯罪问题及线索移送司法机关依法处理。2015年6月11日,天津市第一中级人民法院依法对周永康受贿、滥用职权、故意泄露国家秘密案进行一审宣判,决定执行无期徒刑,剥夺政治权利终身,并处没收个人财产。

2014年8月

8月3日 云南省昭通市鲁甸县发生6.5级地震,给当地人民生命财产造成重大损失。习近平立即作出指示,要求全力投入抗震救灾。李克强作出批示,并赴灾区指挥抗震救灾工作。在中共中央、国务院、中央军委领导下,广大军民团结奋战,夺取了抗震救灾斗争胜利。11月4日,国务院印发《鲁甸地震灾后恢复重建总体规划》《关于支持鲁甸地震灾后恢复重建政策措施的意见》。至2016年2月,鲁甸震区民房重建全面完成。

8月10日 我国派出的赴西非抗击埃博拉疫情专家组启程。埃博拉出血热疫情爆发后,我国开展了新中国成立以来最大规模的卫生援外行动,向疫区三国共派出1200多名医护人员和公共卫生专家,并实现援非抗疫"打胜仗、零感染"的目标。

8月20日 中共中央举行纪念邓小平同志诞辰110周年座谈会。

习近平高度评价邓小平同志和邓小平理论的历史地位和历史功绩，深刻阐述邓小平同志的崇高精神风范，号召全党坚定中国特色社会主义道路自信、理论自信、制度自信，在实现"两个一百年"奋斗目标、实现中华民族伟大复兴中国梦的征程上奋勇前进。

8月21日—22日　习近平对蒙古国进行国事访问。21日，在乌兰巴托同蒙古国总统额勒贝格道尔吉会谈，一致决定将中蒙关系提升为全面战略伙伴关系。

8月24日　国务院公布第一批80处国家级抗战纪念设施、遗址名录。29日，民政部公布第一批300名著名抗日英烈和英雄群体名录。2015年8月13日，国务院公布第二批100处国家级抗战纪念设施、遗址名录。2015年8月24日，民政部公布第二批600名著名抗日英烈和英雄群体名录。

8月31日　十二届全国人大常委会第十次会议通过《关于香港特别行政区行政长官普选问题和2016年立法会产生办法的决定》。

2014年9月

9月3日　国务院印发《关于深化考试招生制度改革的实施意见》，提出到2020年基本建立中国特色现代教育考试招生制度，形成分类考试、综合评价、多元录取的考试招生模式。

9月5日　中共中央、全国人大常委会举行庆祝全国人民代表大会成立60周年大会。习近平强调，要高举人民民主的旗帜，毫不动摇坚持人民代表大会制度，也要与时俱进完善人民代表大会制度，坚定不移走中国特色社会主义政治发展道路，继续推进社会主义民主政治建设、发展社会主义政治文明。

9月11日—19日　习近平出席在塔吉克斯坦杜尚别举行的上海合

作组织成员国元首理事会第十四次会议，并对塔吉克斯坦、马尔代夫、斯里兰卡、印度进行国事访问。

9月13日　第十三届精神文明建设"五个一工程"表彰座谈会举行，《中国合伙人》等186部作品获奖。2017年9月27日，第十四届精神文明建设"五个一工程"表彰座谈会举行，《将改革进行到底》等67部作品获奖。

9月19日　中共中央办公厅、国务院办公厅印发《关于推动传统媒体和新兴媒体融合发展的指导意见》。2014年，中共中央办公厅、国务院办公厅印发的文件还有《关于加强中国特色新型智库建设的意见》等。

9月19日—10月4日　中国体育代表团在韩国仁川举行的第十七届亚运会上获得151枚金牌、108枚银牌、83枚铜牌，居金牌榜和奖牌榜第一位。

9月21日　中共中央、全国政协举行庆祝中国人民政治协商会议成立65周年大会。习近平强调，人民政协要发挥专门协商机构的作用，把协商民主贯穿履行职责全过程；同时深入阐述社会主义协商民主的性质和作用，强调要推进社会主义协商民主广泛多层制度化发展。

9月24日　习近平出席纪念孔子诞辰2565周年国际学术研讨会暨国际儒学联合会第五届会员大会，强调从延续民族文化血脉中开拓前进，推进人类各种文明交流交融、互学互鉴。27日，全球孔子学院建立10周年之际，首个"孔子学院日"启动仪式在北京举行。习近平致贺信。

9月28日　《习近平谈治国理政》以中、英、法、俄、阿、西、葡、德、日等9个语种、10个版本向全球出版发行。至2017年9月，已出版21个语种、24个版本，共发行642万册，发行到世界160多个国家和地区。此外，为帮助广大党员、干部、群众学习习近平总书记系列重要讲话精神和治国理政新理念新思想新战略，中共中央文献研究室等部门还围绕实现中华民族伟大复兴的中国梦、统筹推进"五位一体"总体布局、协调推进"四个全面"战略布局，相继编辑出版习近平有关论述摘编。

9月28日—29日 中央民族工作会议暨国务院第六次全国民族团结进步表彰大会举行。习近平分析民族工作面临的国内外形势，阐述当前和今后一个时期我国民族工作的大政方针。李克强就加快民族地区发展、促进全面建成小康社会作讲话。俞正声作总结讲话。会议强调，要坚持把维护民族团结和国家统一作为各民族最高利益，把各族人民智慧和力量最大限度凝聚起来，同心同德为实现"两个一百年"奋斗目标、实现中华民族伟大复兴的中国梦而奋斗。10月12日，中共中央、国务院印发《关于加强和改进新形势下民族工作的意见》。

9月30日 习近平、李克强、张德江、俞正声、刘云山、王岐山、张高丽等在首个"烈士纪念日"之际，同首都各界代表一起出席向人民英雄敬献花篮仪式。此前，8月31日，十二届全国人大常委会第十次会议通过《关于设立烈士纪念日的决定》，将9月30日设立为烈士纪念日。

2014年10月

10月9日—18日 李克强在德国柏林主持第三轮中德政府磋商并对德国进行正式访问，对俄罗斯进行正式访问并举行中俄总理第十九次定期会晤，对意大利进行正式访问，访问联合国粮农组织总部并出席第十届亚欧首脑会议。

10月15日 习近平主持召开文艺工作座谈会，强调文艺是时代前进的号角，最能代表一个时代的风貌，最能引领一个时代的风气；广大文艺工作者要坚持以人民为中心的创作导向，创作更多无愧于时代的优秀作品。2015年10月3日，中共中央印发《关于繁荣发展社会主义文艺的意见》。

10月20日—23日　中共十八届四中全会举行。习近平代表中央政治局向全会报告工作,就《中共中央关于全面推进依法治国若干重大问题的决定(讨论稿)》作说明,并发表讲话。全会审议通过《中共中央关于全面推进依法治国若干重大问题的决定》,提出全面推进依法治国,总目标是建设中国特色社会主义法治体系,建设社会主义法治国家。这就是,在中国共产党领导下,坚持中国特色社会主义制度,贯彻中国特色社会主义法治理论,形成完备的法律规范体系、高效的法治实施体系、严密的法治监督体系、有力的法治保障体系,形成完善的党内法规体系,坚持依法治国、依法执政、依法行政共同推进,坚持法治国家、法治政府、法治社会一体建设,实现科学立法、严格执法、公正司法、全民守法,促进国家治理体系和治理能力现代化。

10月25日　十八届中央纪委四次全会举行,学习贯彻党的十八届四中全会精神。王岐山讲话。

10月30日—11月2日　全军政治工作会议在福建古田举行。习近平阐明新的历史条件下党从思想上政治上建设军队的重大问题,确立党在强国强军进程中政治建军的大方略,指出军队政治工作的时代主题是,紧紧围绕实现中华民族伟大复兴的中国梦,为实现党在新形势下的强军目标提供坚强政治保证;当前最紧要的是把理想信念、党性原则、战斗力标准、政治工作威信4个带根本性的东西在全军牢固立起来。这是新世纪举行的第一次全军政治工作会议。12月30日,中共中央转发《关于新形势下军队政治工作若干问题的决定》。

2014年11月

11月1日　十二届全国人大常委会第十一次会议通过《中华人民共和国反间谍法》;通过《关于设立国家宪法日的决定》,将12月4

日设立为国家宪法日。

11月5日　中共中央、国务院印发《关于深化中央管理企业负责人薪酬制度改革的意见》。

11月6日　中共中央办公厅、国务院办公厅印发《关于引导农村土地经营权有序流转发展农业适度规模经营的意见》。2016年10月22日，中共中央办公厅、国务院办公厅印发《关于完善农村土地所有权承包权经营权分置办法的意见》，要求在2020年年底前基本完成相关改革工作任务。

同日　我国首个知识产权法院——北京知识产权法院正式履行法定职责。此前，8月31日，十二届全国人大常委会第十次会议通过《关于在北京、上海、广州设立知识产权法院的决定》。

11月8日　加强互联互通伙伴关系对话会在北京举行。习近平主持并讲话，强调要深化亚洲国家互联互通伙伴关系，共建发展和命运共同体；宣布中国出资400亿美元成立丝路基金，为"一带一路"项目建设提供投融资支持。

11月10日—12日　美国总统奥巴马对中国进行国事访问。习近平同奥巴马会谈，强调把不冲突不对抗、相互尊重、合作共赢的原则落到实处，提出从6个重点方向进一步推进中美新型大国关系建设。李克强、张德江分别会见奥巴马。

11月11日　亚太经合组织第二十二次领导人非正式会议在北京举行。习近平主持并讲话，倡导深入推进区域经济一体化，共建互信、包容、合作、共赢的亚太伙伴关系。会议发表《北京纲领：构建融合、创新、互联的亚太——亚太经合组织领导人宣言》和《共建面向未来的亚太伙伴关系——亚太经合组织成立25周年声明》，决定启动亚太自由贸易区进程。在11月9日的亚太经合组织工商领导人峰会开幕式上，习近平发表《谋求持久发展，共筑亚太梦想》的主旨演讲，首次对"新常态"进行系统阐述。此前，11月8日举行的亚太经合组织第26届部长级会议通过《北京反腐败宣言》，这是第一个由中国主导起草的国际性的反腐败宣言。

11月14日—23日　习近平出席在澳大利亚布里斯班举行的二十国集团领导人第九次峰会，对澳大利亚、新西兰、斐济进行国事访问并同建交太平洋岛国领导人举行集体会晤。峰会宣布中国主办2016年二十国集团领导人峰会。

11月17日　上海与香港股票市场交易互联互通机制"沪港通"正式启动。2016年12月5日，深圳与香港股票市场交易互联互通机制"深港通"正式启动。2017年7月3日，内地与香港债券市场互联互通合作机制"债券通"上线试运行。

11月19日—21日　首届世界互联网大会在浙江乌镇举行。习近平致贺词，强调共同构建和平、安全、开放、合作的网络空间，建立多边、民主、透明的国际互联网治理体系。李克强同出席大会的中外代表座谈。

11月28日—29日　中央外事工作会议举行。习近平强调，要高举和平、发展、合作、共赢的旗帜，统筹国内国际两个大局，统筹发展安全两件大事，牢牢把握坚持和平发展、促进民族复兴这条主线，维护国家主权、安全、发展利益，为和平发展营造更加有利的国际环境，维护和延长我国发展的重要战略机遇期，为实现"两个一百年"奋斗目标、实现中华民族伟大复兴的中国梦提供有力保障。

2014年12月

12月1日　我国启动实施煤炭资源税改革，逐步扩大改革范围。

2016年7月1日起，全面推开资源税从价计征改革，并在河北省试点征收水资源税。

12月2日 中共中央、国务院印发《丝绸之路经济带和21世纪海上丝绸之路建设战略规划》，对推进"一带一路"建设工作作出全面部署。2015年3月28日，经国务院授权，国家发展改革委、外交部、商务部联合发布《推动共建丝绸之路经济带和21世纪海上丝绸之路的愿景与行动》。

12月3日—4日 全军装备工作会议举行。习近平强调，要加快构建适应履行使命要求的装备体系，为实现强军梦提供强大物质技术支撑。

12月7日 我国自主研制的长征四号乙运载火箭将中国和巴西联合研制的地球资源卫星04星发射升空，卫星顺利进入预定轨道。至此，长征系列运载火箭完成第200次发射，这标志着我国成为继美、俄之后世界上第三个独立完成双百次宇航发射的国家。

12月9日—11日 中央经济工作会议举行。习近平分析当前国内外经济形势，总结2014年经济工作，提出2015年经济工作的总体要求和主要任务。李克强对2015年经济社会发展重点工作作出具体部署并作总结讲话。会议强调，我国经济正在向形态更高级、分工更复杂、结构更合理的阶段演化，经济发展进入新常态。认识、适应、引领新常态，是当前和今后一个时期我国经济发展的大逻辑。要坚持稳中求进工作总基调，坚持以提高经济发展质量和效益为中心，主动适应经济发展新常态，保持经济运行在合理区间，把转方式调结构放到更加重要位置，狠抓改革攻坚，突出创新驱动，强化风险防控，加强民生保障，促进经济平稳健康发展和社会和谐稳定。

12月13日 南京大屠杀死难者国家公祭仪式在江苏南京举行。习近平强调，和平是需要争取的，和平是需要维护的。只有人人都珍惜和平、维护和平，只有人人都记取战争的惨痛教训，和平才是有希望的。

12月13日—14日 习近平在江苏南京、镇江调研，强调要主动把握和积极适应经济发展新常态，协调推进全面建成小康社会、全面深化改革、全面推进依法治国、全面从严治党，推动改革开放和社会主义现代化建设迈上新台阶。这是首次将"四个全面"并提。

12月16日 第三次全国经济普查主要数据公报发布。这次普查是以2013年12月31日为标准时点开展的。

12月18日 我国第一座钠冷快中子反应堆——中国实验快堆首次实现满功率稳定运行72小时，标志着我国全面掌握快堆这一第四代核电技术的设计、建造、调试运行等核心技术。

12月19日—20日 习近平出席庆祝澳门回归祖国15周年大会暨澳门特别行政区第四届政府就职典礼。习近平强调，继续推进"一国两制"事业，必须牢牢把握"一国两制"的根本宗旨，共同维护国家主权、安全、发展利益，保持香港、澳门长期繁荣稳定；必须坚持依法治港、依法治澳，依法保障"一国两制"实践；必须把坚持一国原则和尊重两制差异、维护中央权力和保障特别行政区高度自治权、发挥祖国内地坚强后盾作用和提高港澳自身竞争力有机结合起来，任何时候都不能偏废。

12月22日 中共中央政治局常委会召开会议，决定对令计划立案审查。2015年7月20日，中央政治局会议决定给予令计划开除党籍、开除公职处分，对其涉嫌犯罪问题及线索移送司法机关依法处理。2016年7月4日，天津市第一中级人民法院依法对令计划受贿、非法获取国家秘密、滥用职权案进行一审宣判，决定执行无期徒刑，剥夺政治权利终身，并处没收个人全部财产。

同日 首支赴南苏丹维和步兵营举行出征誓师大会。这是我国首次派出整建制的步兵营参加联合国维和行动。

12月22日—23日　中央农村工作会议举行。李克强讲话。2015年1月1日，中共中央、国务院印发《关于加大改革创新力度加快农业现代化建设的若干意见》。

12月26日　京津冀协同发展工作推进会议举行，研究京津冀协同发展规划。张高丽主持并讲话。

12月28日　十二届全国人大常委会第十二次会议通过《中华人民共和国航道法》。

同日　全国首个跨行政区划法院、检察院——上海市第三中级人民法院、上海市人民检察院第三分院正式成立。

12月31日　中共中央办公厅印发《关于加强中央纪委派驻机构建设的意见》。2015年3月25日至27日，中共中央纪委首次向中央办公厅、中央组织部、中央宣传部、中央统战部、全国人大机关、国务院办公厅、全国政协机关派驻纪检组。2015年11月20日，中共中央办公厅印发《关于全面落实中央纪委向中央一级党和国家机关派驻纪检机构的方案》，共设置47家派驻机构，实现对139家中央一级党和国家机关派驻纪检机构全覆盖。

2015年1月

1月1日　全国338个地级及以上城市统一按环境空气质量新标准开展监测，并向社会发布实时监测数据和空气质量指数。

1月3日　国务院印发《关于机关事业单位工作人员养老保险制度改革的决定》，部署从2014年10月1日起对机关事业单位工作人员实行社会统筹与个人账户相结合的基本养老保险制度。

1月5日　中共中央印发《关于加强社会主义协商民主建设的意见》，对新形势下开展政党协商、人大协商、政府协商、政协协商、人民团体协商、基层协商、社会组织协商等作出全面部署，推进社会主义协商民主广泛多层制度化发展。

1月8日—9日　中国—拉美和加勒比国家共同体论坛首届部长级会议在北京举行。8日，习近平出席开幕式并发表《共同谱写中拉全面合作伙伴关系新篇章》的讲话。会议通过《中拉论坛首届部长级会议北京宣言》《中国与拉美和加勒比国家合作规划（2015—2019）》等。

1月12日　中共中央办公厅、国务院办公厅印发《关于加快构建现代公共文化服务体系的意见》。2016年12月25日，十二届全国人大常委会第二十五次会议通过《中华人民共和国公共文化服务保障法》。

1月12日—14日　十八届中央纪委五次全会举行。习近平强调，要坚持思想建党和制度治党，严明政治纪律和政治规矩，深化纪律检查体制改革，强化监督执纪问责，坚决遏制腐败现象蔓延势头。王岐山作工作报告。

1月15日　中共中央办公厅、国务院办公厅印发《关于县以下机关建立公务员职务与职级并行制度的意见》。2015年，中共中央办公厅、国务院办公厅印发的文件还有《关于全面深化公安改革若干重大问题的框架意见》《领导干部干预司法活动、插手具体案件处理的记录、通报和责任追究规定》《党政领导干部生态环境损害责任追究办法（试行）》《深化科技体制改革实施方案》《关于推动国有文化企业把社会效益放在首位、实现社会效益和经济效益相统一的指导意见》《关于完善矛盾纠纷多元化解机制的意见》《关于完善国家统一法律职业资格制度的意见》《关于加大脱贫攻坚力度支持革命老区开发建设的指导意见》等。

1月16日　中共中央政治局常委会召开会议，专门听取全国人大常委会、国务院、全国政协、最高人民法院、最高人民检察院党组工作汇报。此后，这成为实现党中央集中统一领导的一项制度性安排。

1月20日—22日　李克强出席在瑞士达沃斯举行的世界经济论坛2015年年会，并对瑞士进行工作访问。21日，在年会上提出中国经济要实现"双中高"，必须开启"双引擎"。

1月23日　中共中央政治局会议审议通过《国家安全战略纲要》。

1月28日　国务院印发《关于加快发展服务贸易的若干意见》。2015年，国务院印发的文件还有《关于加快培育外贸竞争新优势的若干意见》《关于进一步做好新形势下就业创业工作的意见》《关于大力发展电子商务加快培育经济新动力的意见》《关于推进国际产能和装备制造合作的指导意见》《关于大力推进大众创业万众创新若干政策措施的意见》《促进大数据发展行动纲要》《关于国有企业发展混合所有制经济的意见》《关于实行市场准入负面清单制度的意见》《关于进一步做好防范和处置非法集资工作的意见》《关于促进快递业发展的若干意见》《统筹推进世界一流大学和一流学科建设总体方案》《关于改革和完善国有资产管理体制的若干意见》《关于加快实施自由贸易区战略的若干意见》《关于新形势下加快知识产权强国建设的若干意见》等。国务院公布的行政法规有《存款保险条例》《博物馆条例》《居住证暂行条例》《地图管理条例》等。

同日　最高人民法院第一巡回法庭在深圳成立。此后，陆续在沈阳、南京、郑州、重庆、西安设立巡回法庭。

2015年2月

2月1日　推进"一带一路"建设工作会议举行。张高丽主持并讲话。

2月2日—6日　省部级主要领导干部学习贯彻十八届四中全会精神全面推进依法治国专题研讨班举行。习近平系统阐述全面建成小康社会、全面深化改革、全面依法治国、全面从严治党的战略布局，强调要把全面依法治国放在"四个全面"的战略布局中来把握，抓住领导干部这个"关键少数"，带动全党全国共同全面推进依法治国。

2月6日　推动长江经济带发展工作会议举行。张高丽主持并讲话。

2月8日　中共中央、国务院印发《国有林场改革方案》和《国有林区改革指导意见》。2015年，中共中央、国务院印发的文件还有《关于进一步深化电力体制改革的若干意见》《关于构建和谐劳动关系的意见》《关于加快推进生态文明建设的意见》《关于构建开放型经济新体制的若干意见》《京津冀协同发展规划纲要》《生态文明体制改革总体方案》《关于推进价格机制改革的若干意见》《法治政府建设实施纲要（2015—2020年）》《关于落实发展新理念加快农业现代化实现全面小康目标的若干意见》等。

2月21日　中央军委印发《关于新形势下深入推进依法治军从严治军的决定》。

2015年3月

3月3日—13日　全国政协十二届三次会议举行。俞正声作全国政协常委会工作报告。

3月5日—15日　十二届全国人大三次会议举行。李克强作政府工作报告。张德江作全国人大常委会工作报告。会议通过《关于修改〈中华人民共和国立法法〉的决定》。

3月7日　国务院批复同意设立中国（杭州）跨境电子商务综合试验区。2016年1月12日，国务院批复同意在天津等12个城市设立跨境电子商务综合试验区。

3月12日　习近平出席十二届全国人大三次会议解放军代表团全体会议，明确提出把军民融合发展上升为国家战略，强调要深入实施军民融合发展战略，努力开创强军兴军新局面。

3月13日　中共中央、国务院印发《关于深化体制机制改革加快实施创新驱动发展战略的若干意见》。2016年1月18日，中共中央、国务院印发《国家创新驱动发展战略纲要》。

3月25日　全国人大常委会正式启动职业教育法执法检查。张德江担任执法检查组组长，带队赴地方开展监督检查。这是第一次由全国人大常委会委员长带队执法检查。

3月26日—29日　博鳌亚洲论坛2015年年会在海南博鳌举行。习近平出席开幕式并发表《迈向命运共同体，开创亚洲新未来》的主旨演讲。

3月29日　正在亚丁湾索马里海域执行护航任务的中国海军护航编队临沂舰搭载首批124名中国公民，从也门亚丁港安全撤离。至4月7日，我国共派出3艘军舰，从也门撤出中国公民621人。

2015年4月

4月1日　东北、内蒙古重点国有林区全部停止天然林商业性采伐。2016年，天然林商业性采伐在全国范围内停止，标志着我国天然林资源从采伐利用转入保护发展的新阶段。

4月9日　中共中央决定对郭伯雄进行组织调查。7月30日，中央政治局会议决定给予郭伯雄开除党籍处分，对其涉嫌严重受贿犯罪问题及线索移送最高人民检察院授权军事检察机关依法处理。2016年7月25日，军事法院依法对郭伯雄受贿案进行一审宣判，判处无期徒刑，剥夺政治权利终身，并处没收个人全部财产，剥夺上将军衔。

4月10日　中共中央办公厅印发《关于在县处级以上领导干部中开展"三严三实"专题教育方案》。"三严三实"专题教育是党的群众路线教育实践活动的延展深化，从4月底开始在县处级以上领导干部中开展，各级同步进行，着力解决"不严不实"问题。12月28日至29日，中央政治局召开专题民主生活会，习近平就中央政治局当好"三严三实"表率提出要求。

4月20日—24日　习近平对巴基斯坦进行国事访问并出席在印度尼西亚举行的亚非领导人会议和万隆会议60周年纪念活动。24日，在纪念大会上签署《2015万隆公报》。

4月23日　国务院办公厅印发《关于全面推开县级公立医院综合改革的实施意见》。5月6日，国务院办公厅印发《关于城市公立医院综合改革试点的指导意见》。至2016年年底，县级公立医院改革全面推开，城市公立医院改革试点扩大到200个城市。

4月24日　十二届全国人大常委会第十四次会议通过修订后的《中华人民共和国食品安全法》和《中华人民共和国广告法》。

4月28日　中共中央、国务院举行庆祝"五一"国际劳动节暨表彰全国劳动模范和先进工作者大会。习近平强调，要弘扬劳模精神，弘扬劳动精神，弘扬我国工人阶级和广大劳动群众的伟大品格，在实现"两个一百年"奋斗目标的伟大征程上再创新的业绩，以劳动托起中国梦。刘云山宣读《中共中央、国务院关于表彰全国劳动模范和先进工作者的决定》。

2015年5月

5月1日　全国法院实行立案登记制，对依法应当受理的案件，做到有案必立、有诉必理，保证当事人诉权。

5月4日　习近平会见中国国民党主席朱立伦，就维护两岸关系和平发展进程、携手建设两岸命运共同体提出5点主张。

5月7日　我国自主创新、拥有完整自主知识产权的三代核电技术"华龙一号"全球首堆示范工程开工建设。

5月7日—12日　习近平出席俄罗斯纪念卫国战争胜利70周年庆典并访问俄罗斯、哈萨克斯坦、白俄罗斯。

5月8日　国务院印发《中国制造2025》，提出通过"三步走"实现制造强国的战略目标：第一步，到2025年迈入制造强国行列；第二步，到2035年整体达到世界制造强国阵营中等水平；第三步，到新中国成立100年时综合实力进入世界制造强国前列。

5月12日　国务院召开推进简政放权放管结合职能转变工作电视电话会议。李克强强调，必须坚持简政放权、放管结合、优化服务"三管齐下"，深化行政体制改革，切实转变政府职能。

5月14日—16日　印度总理莫迪对中国进行正式访问。习近平在陕西西安会见莫迪，就构建双方更加紧密的发展伙伴关系提出4点建议。李克强、张德江分别同莫迪会谈、会见。

5月18日—20日　中央统战工作会议举行。习近平强调，要巩固和发展最广泛的爱国统一战线，为实现"两个一百年"奋斗目标、实现中华民族伟大复兴的中国梦提供广泛力量支持。俞正声讲话。18日，中共中央印发《中国共产党统一战线工作条例（试行）》。7月30日，中央政治局会议决定设立中央统一战线工作领导小组。

2015年6月

6月1日　重庆东方轮船公司所属"东方之星"号客轮在长江大马洲水道突遇强风暴雨袭击导致翻沉，发生特别重大灾难性事件。习近平立即作出指示，要求全力做好人员搜救工作，同时深刻吸取教训。李克强作出批示并赴现场指挥处置。党和政府迅速组织人员搜救、应急处置和善后处理，并成立事件调查组，进行全面深入的调查取证和责任追究。12月，国务院事件调查组公布调查报告。

6月8日　俞正声主持召开调研协商座谈会，邀请有关民主党派中央、全国工商联负责人和无党派人士代表，就推进"一带一路"建设和制定"十三五"规划建言献策。

6月11日　中共中央印发《中国共产党党组工作条例（试行）》。2015年，中共中央印发的文件还有《干部教育培训工作条例》《中国共产党地方委员会工作条例》等。

6月12日　我国自主研发的"海底60米多用途钻机"在南海3109米海底海试成功。

6月22日　中共中央转发中共全国人大常委会党组《关于加强县乡人大工作和建设的若干意见》。9月15日至16日，加强县乡人大工作和建设座谈会举行。张德江讲话。

6月28日—7月2日　李克强出席在比利时布鲁塞尔举行的第十七次中国—欧盟领导人会晤并顺访比利时，对法国进行正式访问并访问经济合作与发展组织总部。

6月30日　习近平会见全国优秀县委书记，要求广大县委书记做政治的明白人、发展的开路人、群众的贴心人和班子的带头人，始终做到心中有党、心中有民、心中有责、心中有戒，努力成为党和人民信赖的好干部。同日，中共中央组织部对在县（市、区、旗）委书记岗位上取得优异成绩的102名同志授予全国优秀县委书记称号。

2015年7月

7月1日　十二届全国人大常委会第十五次会议通过《中华人民共和国国家安全法》。

同日　国务院印发《关于积极推进"互联网+"行动的指导意见》，提出"互联网+"创业创新、协同制造、益民服务等11个具体行动。2016年9月25日，印发《关于加快推进"互联网+政务服务"工作的指导意见》。

7月6日　联合国发布的《2015年千年发展目标报告》显示，中国极端贫困人口比例2014年下降到4.2%，成为世界上减贫人口最多的国家，也是世界上率先完成联合国千年发展目标的国家。

7月6日—7日　中央党的群团工作会议举行。习近平强调，工会、共青团、妇联等群团组织要切实保持和增强党的群团工作和群团组织的政治性、先进性、群众性，开创新形势下党的群团工作新局面。刘云山作总结讲话。此前，1月8日，中共中央印发《关于加强和改进党的群团工作的意见》。这次会议后，中共中央办公厅相继印发《全国总工会改革试点方案》《共青团中央改革方案》《全国妇联改革方案》等，部署开展群团改革。

7月8日—10日　习近平出席在俄罗斯乌法举行的金砖国家领导人第七次会晤和上海合作组织成员国元首理事会第十五次会议。9日，在金砖国家领导人会晤时发表《共建伙伴关系，共创美好未来》的主旨讲话。10日，在上合组织成员国元首理事会会议上发表《团结互助，共迎挑战，推动上海合作组织实现新跨越》的讲话。

7月18日　中国人民银行、工业和信息化部联合印发《关于促进互联网金融健康发展的指导意见》，提出一系列鼓励创新、支持互联网金融稳步发展的政策措施。

7月19日　中共中央办公厅印发《推进领导干部能上能下若干规定（试行）》。至2017年5月底，通过问责处理、调整不适宜担任现职干部等6种"下"的渠道，共调整县处级以上干部22355人。

7月31日　国际奥委会第128次全会在马来西亚吉隆坡投票决定，将2022年冬奥会举办权交给北京。12月15日，北京2022年冬奥会和冬残奥会组委会成立大会举行。张高丽强调，要贯彻绿色办奥、共享办奥、开放办奥、廉洁办奥要求，高质量高水平高效率做好冬奥会和冬残奥会筹办工作。

2015年8月

8月1日　国务院印发《全国海洋主体功能区规划》。至此，我国主体功能区战略实现陆域国土空间和海域国土空间的全覆盖。

8月3日　中共中央印发《中国共产党巡视工作条例》。2017年7月1日，中共中央印发修改后的《中国共产党巡视工作条例》。

8月11日　中国人民银行决定改革完善人民币兑美元汇率中间价报价机制，明确中间价报价参考前一天收盘价。12月11日，发布人民币汇率指数，加大参考一篮子货币的力度。2016年2月，形成"收盘汇率＋一篮子货币汇率变化"的人民币兑美元汇率中间价形成机制。

8月12日　天津港瑞海公司危险品仓库发生特别重大火灾爆炸事故，人员伤亡和财产损失惨重。习近平立即作出指示，要求全力救治伤员，严肃查处事故责任。李克强作出批示并赴事故现场看望慰问。党和政府迅速组织抢险救援、应急处置和善后处理，并成立事故调查组，进行全面深入的调查取证和责任追究。2016年2月，国务院事故调查组公布调查报告。

8月24日　中共中央、国务院印发《关于深化国有企业改革的指导意见》。以此为统领，陆续出台了有关国有企业分类、发展混合所有制经济、完善国资监管体制、防止国有资产流失、完善法人治理结构等多个配套文件。

8月24日—25日　中央第六次西藏工作座谈会举行。习近平强调，要坚持党的治藏方略和依法治藏、富民兴藏、长期建藏、凝聚人心、夯实基础的重要原则，加快西藏全面建成小康社会步伐，推进西藏和四川云南甘肃青海藏区经济社会发展和长治久安。李克强、俞正声讲话。

8月28日　中共中央办公厅、国务院办公厅印发《关于在部分区域系统推进全面创新改革试验的总体方案》，京津冀、上海、广东、安徽、四川、武汉、西安、沈阳等8个区域被确定为全面创新改革试验区。

8月29日　十二届全国人大常委会第十六次会议通过《刑法修正案（九）》和修订后的《中华人民共和国大气污染防治法》。

同日　习近平签署主席特赦令，对参加过抗日战争、解放战争等四类服刑罪犯实行特赦。

8月30日　中共中央办公厅、国务院办公厅印发《环境保护督察方案（试行）》。2016年7月6日，张高丽主持召开会议，对第一批中央环境保护督察工作进行部署。至2017年8月，已开展四批中央环境保护督察，实现对全国各省（区、市）督察全覆盖。

8月30日—9月2日　张德江在美国纽约出席第四次世界议长大会，作《倾听人民呼声，建设更加公正民主的世界》的发言。

2015年9月

9月3日　纪念中国人民抗日战争暨世界反法西斯战争胜利70周年大会在北京天安门广场举行。习近平强调，中国将始终走和平发展道路，坚决捍卫中国人民抗日战争和世界反法西斯战争胜利成果，努力为人类作出新的更大的贡献；让我们共同铭记历史所启示的伟大真理：正义必胜！和平必胜！人民必胜！习近平宣布，中国将裁减军队员额30万。在随后举行的阅兵仪式上，习近平检阅受阅部队。

9月8日　西藏自治区成立50周年庆祝大会在拉萨举行。中共中央、全国人大常委会、国务院、全国政协、中央军委致电祝贺。俞正声讲话。

9月19日　中共中央办公厅印发《关于加强社会组织党的建设的意见（试行）》。2015年，中共中央办公厅印发的文件还有《党委（党组）意识形态工作责任制实施办法》等。

9月22日—28日　习近平对美国进行国事访问并出席联合国成立70周年系列峰会。25日，同奥巴马举行会晤，强调要推动中美新型大国关系不断向前发展。26日，出席联合国发展峰会，倡导公平、开放、全面、创新的发展理念。28日，出席第七十届联合国大会一般性辩论，强调要继承和弘扬联合国宪章宗旨和原则，构建以合作共赢为核心的新型国际关系，打造人类命运共同体。

9月23日　国务院决定压减《中央定价目录》，具体定价项目从约100项减至20项，并改进定价方法，规范定价行为，定期修订定价目录。

9月24日—26日　王岐山在福建主持召开座谈会，强调要全面从严治党，严明党的纪律，把握运用监督执纪"四种形态"。

9月30日　习近平会见来自内蒙古、广西、西藏、宁夏、新疆5个自治区的13位基层民族团结优秀代表，强调中华民族一家亲，同心共筑中国梦，这是全体中华儿女的共同心愿，也是全国各族人民的共同目标。

2015年10月

10月1日　庆祝中华人民共和国成立66周年暨新疆维吾尔自治区成立60周年大会在乌鲁木齐举行。中共中央、全国人大常委会、国务院、全国政协、中央军委致电祝贺。俞正声讲话。

同日　全国范围内实施企业工商营业执照、组织机构代码证和税务登记证"三证合一、一照一码"登记制度改革。2017年5月5日，国务院办公厅印发《关于加快推进"多证合一"改革的指导意见》，要求"多证合一"改革在2017年10月1日前取得实效。

10月5日 屠呦呦获2015年诺贝尔生理学或医学奖。李克强致信国家中医药管理局表示祝贺。

10月16日 2015减贫与发展高层论坛在北京举行。习近平出席并发表《携手消除贫困，促进共同发展》的主旨演讲。

10月18日 中共中央印发《中国共产党廉洁自律准则》和《中国共产党纪律处分条例》。《准则》和《条例》坚持以党章为根本遵循，坚持问题导向，坚持纪严于法、纪在法前，把从严治党实践成果转化为纪律和道德要求，为党员和党员领导干部树立看得见、摸得着的高标准，划出党组织和党员不可触碰的底线。

10月19日 首届全国大众创业万众创新活动周启动。李克强出席活动周启动仪式并考察主题展区，强调要坚持创新驱动，扎实推进"双创"，不断激发市场活力潜力和社会创造力。张高丽出席大众创业万众创新高峰论坛并讲话。

10月19日—23日 习近平对英国进行国事访问。21日，同英国首相卡梅伦会谈，决定共同构建中英面向21世纪全球全面战略伙伴关系，开启持久、开放、共赢的中英关系"黄金时代"。

10月26日—29日 中共十八届五中全会举行。习近平代表中央政治局向全会报告工作，就《中共中央关于制定国民经济和社会发展第十三个五年规划的建议（讨论稿）》作说明，并发表讲话。全会审议通过《中共中央关于制定国民经济和社会发展第十三个五年规划的建议》。全会提出全面建成小康社会新的目标要求，强调实现"十三五"时期发展目标，破解发展难题，厚植发展优势，必须牢固树立并切实贯彻创新、协调、绿色、开放、共享的发展理念。

10月29日—30日　德国总理默克尔对中国进行正式访问。习近平会见默克尔，双方同意保持中德全方位战略伙伴关系健康、稳定、持续向前发展。李克强、张德江分别同默克尔会谈、会见。

10月31日—11月2日　李克强对韩国进行正式访问，并出席在首尔举行的第六次中日韩领导人会议。

2015年11月

11月2日　我国自主研制的C919大型客机总装下线。2017年5月5日，C919大型客机首飞成功。这意味着我国成为世界上少数几个拥有研制大型客机能力的国家。

11月4日　十二届全国人大常委会第十七次会议通过修订后的《中华人民共和国种子法》。

11月5日—7日　习近平对越南、新加坡进行国事访问。

11月7日　习近平同台湾方面领导人马英九在新加坡会面，就进一步推进两岸关系和平发展交换意见。双方认为应该继续坚持"九二共识"、巩固共同政治基础，坚定走和平发展道路，深化两岸交流合作，增进两岸同胞福祉，共谋中华民族伟大复兴。这是1949年以来两岸领导人首次会面。

11月10日　习近平在中央财经领导小组第十一次会议上强调，要在适度扩大总需求的同时，着力加强供给侧结构性改革。

11月14日—19日　习近平出席在土耳其安塔利亚举行的二十国集团领导人第十次峰会和在菲律宾马尼拉举行的亚太经合组织第二十三次领导人非正式会议。

11月23日　中央军委印发《领导指挥体制改革实施方案》。2016

年2月29日，全军按新的领导指挥体制运行，实现我军领导指挥体制历史性变革。

11月24日—25日 第四次中国—中东欧国家领导人会晤在江苏苏州举行。李克强主持并讲话。会晤发表《中国—中东欧国家合作中期规划》和《中国—中东欧国家合作苏州纲要》。

11月24日—26日 中央军委改革工作会议举行。习近平强调，要全面实施改革强军战略，坚定不移走中国特色强军之路，建设同我国国际地位相称、同国家安全和发展利益相适应的巩固国防和强大军队。

11月25日 国务院印发《关于进一步完善城乡义务教育经费保障机制的通知》，明确从2016年春季学期开始，统一城乡义务教育学校生均公用经费基准定额；从2017年春季学期开始，统一城乡义务教育学生"两免一补"政策。

11月27日、28日 《〈内地与香港关于建立更紧密经贸关系的安排〉服务贸易协议》《〈内地与澳门关于建立更紧密经贸关系的安排〉服务贸易协议》分别签署，标志内地与香港、澳门服务贸易自由化基本实现。

11月27日—28日 中央扶贫开发工作会议举行。习近平强调，要坚决打赢脱贫攻坚战，确保到2020年所有贫困地区和贫困人口一道迈入全面小康社会。李克强讲话。29日，中共中央、国务院印发《关于打赢脱贫攻坚战的决定》。2016年4月23日，中共中央办公厅、国务院办公厅印发《关于建立贫困退出机制的意见》，明确贫困人口、贫困村、贫困县在2020年以前有序退出的标准和要求。

11月28日 中央军委印发《关于深化国防和军队改革的意见》，指出要牢牢把握"军委管总、战区主战、军种主建"的原则，以领导管理体制、联合作战指挥体制改革为重点，协调推进规模结构、政策制度和军民融合深度发展改革。此后，习近平先后签发中央军委命令，调整组建军委机关各部门，组建各战区机关、陆军机关、各战区陆军机关、战略支援部队机关，调整组建战区海军、战区空军机关，组建中央军委纪律检查委员会派驻纪检组，组织实施海军、空军、火箭军、武警部队机关整编，组建武汉联勤保障基地及5个联勤保障中心，调整组建13个集团军、海军陆战队，调整组建新的军事科学院、国防大学、国防科技大学和其他军队院校、科研机构、训练机构。

（新华社北京2017年10月15日电）

附录二

党的十九大以来大事记

2017年10月

10月18日—24日 中国共产党第十九次全国代表大会举行。大会正式代表2280人，特邀代表74人，代表全国8900多万党员。习近平作《决胜全面建成小康社会，夺取新时代中国特色社会主义伟大胜利》的报告。大会总结过去5年的工作和历史性变革，作出中国特色社会主义进入新时代、我国社会主要矛盾已经转化为人民日益增长的美好生活需要和不平衡不充分的发展之间的矛盾等重大政治论断，确立习近平新时代中国特色社会主义思想的历史地位，提出新时代坚持和发展中国特色社会主义的基本方略，确定决胜全面建成小康社会、开启全面建设社会主义现代化国家新征程的目标。大会通过《中国共产党章程(修正案)》，把习近平新时代中国特色社会主义思想同马克思列宁主义、毛泽东思想、邓小平理论、"三个代表"重要思想、科学发展观一道确立为党的指导思想并载入党章。大会选举产生第十九届中央委员会和中央纪律检查委员会，其中中央委员会委员204人、候补委员172人，中央纪律检查委员会委员133人。

10月25日 中共十九届一中全会举行。习近平主持并讲话。全会选举产生新一届中央政治局，共25人；选举习近平、李克强、栗战书、汪洋、王沪宁、赵乐际、韩正为中央政治局常委，习近平为中央委员会总书记；根据中央政治局常委会的提名，通过中央书记处成员，决定中央军事委员会组成人员，习近平为主席；批准中央纪律检查委员会书记、副书记和常委人选，赵乐际为书记。同日，十九届中央纪委一次全会举行，选举中央纪律检查委员会书记、副书记和常委，报中央委员会批准。

同日　习近平在十九届中央政治局常委同中外记者见面时指出，中共十九大到二十大的五年，正处在实现"两个一百年"奋斗目标的历史交汇期。这其中有一些重要的时间节点，是我们工作的坐标。中国共产党立志于中华民族千秋伟业，百年恰是风华正茂。实践充分证明，中国共产党能够带领人民进行伟大的社会革命，也能够进行伟大的自我革命。

10月27日　十九届中央政治局召开第一次会议，研究部署学习宣传贯彻党的十九大精神，要求把全党全国各族人民思想统一到党的十九大精神上来，把力量凝聚到实现党的十九大确定的各项任务上来。

同日　中共中央政治局会议审议通过《中共中央政治局关于加强和维护党中央集中统一领导的若干规定》，指出，中央政治局要带头树立"四个意识"，严格遵守党章和党内政治生活准则，全面落实党的十九大关于加强和维护党中央集中统一领导的各项要求，自觉在以习近平同志为核心的党中央集中统一领导下履行职责、开展工作，坚决维护习近平总书记作为党中央的核心、全党的核心地位。根据《规定》，中央政治局全体同志每年向党中央和习近平总书记书面述职一次。这已经成为加强和维护党中央集中统一领导的重要制度安排。

同日　中共中央政治局会议审议通过《中共中央政治局贯彻落实中央八项规定的实施细则》。党的十九大以来，到2022年7月，全国累计查处违反中央八项规定精神问题55.27万起，批评教育帮助和处理党员干部 80.07 万人，给予党纪政务处分 52.25 万人，包括省部级干部 23 人。

同日　十九届中央政治局就深入学习贯彻党的十九大精神进行第一次集体学习。到 2022 年 8 月，围绕有关重大理论和实践问题共进行集体学习 41 次。

10 月 31 日　习近平带领中共中央政治局常委李克强、栗战书、汪洋、王沪宁、赵乐际、韩正，瞻仰上海中共一大会址和浙江嘉兴南湖红船，回顾建党历史，重温入党誓词，宣示新一届党中央领导集体的坚定政治信念，强调只有不忘初心、牢记使命、永远奋斗，才能让中国共产党永远年轻。

2017 年 11 月

11 月 2 日　中央军委印发《关于全面深入贯彻军委主席负责制的意见》，强调要全面贯彻习近平强军思想，全面贯彻党对军队绝对领导的根本原则和制度，从政治上、思想上、组织上、制度上、作风上为贯彻军委主席负责制提供坚强保证。

11 月 3 日　习近平视察军委联合作战指挥中心，指出军队是要准备打仗的，军委必须懂打仗、善谋略、会指挥，军委工作一开始就要把备战打仗的指挥棒立起来。强调全军要强化忧患意识、危机意识、打仗意识，全部心思向打仗聚焦，各项工作向打仗用劲，尽快把备战打仗能力搞上去。

11 月 4 日　十二届全国人大常委会第三十次会议通过《中华人民共和国公共图书馆法》、《中华人民共和国刑法修正案（十）》、修订后的《中华人民共和国反不正当竞争法》和《中华人民共和国标准化法》，通过《关于在全国各地推开国家监察体制改革试点工作的决定》。

11月5日　北斗三号第一、二颗组网卫星以"一箭双星"方式成功发射，标志着北斗卫星导航系统全球组网的开始。这是和美国全球定位系统（GPS）、俄罗斯格洛纳斯系统、欧洲伽利略系统并列的全球卫星导航系统。2018年12月27日，北斗三号基本系统宣告建成，并开始提供全球服务。2020年7月31日，习近平出席北斗三号全球卫星导航系统建成暨开通仪式，强调要传承好、弘扬好新时代北斗精神。

11月8日—10日　美国总统特朗普对中国进行国事访问。习近平同特朗普会谈，强调中方愿同美方一道，相互尊重、互利互惠，聚焦合作、管控分歧，给两国人民带来更多获得感，给地区及世界人民带来更多获得感。李克强会见特朗普。

11月9日　国务院印发《划转部分国有资本充实社保基金实施方案》。到2020年末，中央层面划转部分国有资本充实社保基金工作全面完成。

11月10日—14日　习近平出席在越南岘港举行的亚太经合组织第二十五次领导人非正式会议并对越南、老挝进行国事访问。11日，在会议上发表《携手谱写亚太合作共赢新篇章》的讲话。

11月19日　国务院作出《关于废止〈中华人民共和国营业税暂行条例〉和修改〈中华人民共和国增值税暂行条例〉的决定》，营业税改征增值税改革全面完成。

11月21日　习近平作出指示强调，厕所问题不是小事情，要努力补齐这块影响群众生活品质的短板。到2021年底，全国农村卫生厕所普及率达70%以上。

11月30日—12月3日　中国共产党与世界政党高层对话会在北京举行。12月1日，习近平出席开幕式并发表《携手建设更加美好的世界》的主旨讲话，指出，不同国家的政党应该增进互信、加强沟通、密切协作，探索在新型国际关系的基础上建立求同存异、相互尊重、互学互鉴的新型政党关系，搭建多种形式、多种层次的国际政党交流合作网络，汇聚构建人类命运共同体的强大力量。

2017年12月

12月5日 河北塞罕坝林场建设者获联合国环保最高奖项"地球卫士奖"。

12月6日—10日 省部级干部学习贯彻习近平新时代中国特色社会主义思想和党的十九大精神集中轮训第一期研讨班举行。王沪宁强调，习近平新时代中国特色社会主义思想是党的十九大精神的灵魂和主线，学习贯彻党的十九大精神，最重要的是聚焦到这一重要思想上来。2017年12月到2018年4月，在中央党校连续举办7期省部级干部学习贯彻习近平新时代中国特色社会主义思想和党的十九大精神研讨班，对省部级领导干部进行集中轮训。

12月11日 全国自贸试验区工作座谈会在武汉举行。李克强主持并讲话。

12月14日 中共中央作出《关于调整中国人民武装警察部队领导指挥体制的决定》。自2018年1月1日零时起，武警部队由党中央、中央军委集中统一领导，归中央军委建制，不再列国务院序列。2018年1月10日，习近平向武警部队授旗并致训词。

12月18日 中共中央办公厅、国务院办公厅印发《关于加强贫困村驻村工作队选派管理工作的指导意见》。到2020年底，全国累计选派25.5万个驻村工作队、300多万名第一书记和驻村干部，同近200万名乡镇干部和数百万村干部一道奋战在扶贫一线，1800多名党员、干部为脱贫攻坚献出生命。2021年5月1日，中共中央办公厅印发《关于向重点乡村持续选派驻村第一书记和工作队的意见》。

12月18日—20日 中央经济工作会议举行。习近平总结党的十八大以来我国经济发展历程，分析经济形势，部署2018年经济工作。李克强对2018年经济工作作出具体部署并作总结讲话。会议强调，推动高质量发展是当前和今后一个时期确定发展思路、制定经济政策、实施宏观调控的根本要求，必须加快形成推动高质量发展的指标体系、政策体系、标准体系、统计体系、绩效评价、政绩考核，创建和完善制度环境，推动我国经济在实现高质量发展上不断取得新进展。会议总结并阐述了习近平新时代中国特色社会主义经济思想。

12月22日 习近平在中央军委扩大会议上阐明新时代党的强军思想，提出人民军队新时代使命任务：为巩固中国共产党领导和我国社会主义制度提供战略支撑，为捍卫国家主权、统一、领土完整提供战略支撑，为维护我国海外利益提供战略支撑，为促进世界和平与发展提供战略支撑。

12月26日 中共中央办公厅、国务院办公厅印发《关于在湖泊实施湖长制的指导意见》。2018年12月，湖长制全面建立。

12月27日 十二届全国人大常委会第三十一次会议通过《中华人民共和国烟叶税法》、《中华人民共和国船舶吨税法》、修订后的《中华人民共和国农民专业合作社法》。

12月28日—29日 中央农村工作会议举行。习近平总结党的十八大以来我国"三农"事业的历史性成就和变革，阐述实施乡村振兴战略的重大问题。2018年1月2日、6月26日，中共中央、国务院先后印发《关于实施乡村振兴战略的意见》、《乡村振兴战略规划（2018—2022年）》。

12月30日 中共中央印发《关于建立国务院向全国人大常委会报告国有资产管理情况制度的意见》。2018年10月，十三届全国人大常委会第六次会议审议《国务院关于 2017 年度国有资产管理情况的综合报告》和《国务院关于 2017 年度金融企业国有资产的专项报告》。这是国务院首次按照"全口径、全覆盖"要求向全国人大常委会报告国有资产管理情况。

本年　中国常住人口城镇化率首次超过 60%。

2018 年 1 月

1 月 3 日　中央军委召开 2018 年开训动员大会，习近平向全军发布训令。这是中央军委首次统一组织全军开训动员，是人民军队加强新时代练兵备战的一次崭新亮相。

1 月 5 日—8 日　新进中央委员会的委员、候补委员和省部级主要领导干部学习贯彻习近平新时代中国特色社会主义思想和党的十九大精神研讨班举行。习近平强调，做到坚持和发展中国特色社会主义要一以贯之，推进党的建设新的伟大工程要一以贯之，增强忧患意识、防范风险挑战要一以贯之，以时不我待、只争朝夕的精神投入工作，不断开创新时代中国特色社会主义事业新局面。

1 月 8 日　中共中央、国务院举行国家科学技术奖励大会。党的十九大以来，共举行 4 次奖励大会。王泽山、侯云德、刘永坦、钱七虎、黄旭华、曾庆存、顾诵芬、王大中先后获国家最高科学技术奖。

1 月 8 日—10 日　法国总统马克龙对中国进行国事访问。习近平同马克龙会谈，一致同意推动紧密持久的中法全面战略伙伴关系行稳致远。李克强、张德江分别会见马克龙。

1 月 10 日—11 日　李克强出席在柬埔寨金边举行的澜沧江—湄公河合作第二次领导人会议并对柬埔寨进行正式访问。

1 月 11 日　中共中央、国务院发出《关于开展扫黑除恶专项斗争的通知》。到2020年12月底，全国打掉涉黑组织3644个、涉恶犯罪集团11675个。2021年3月29日，全国扫黑除恶专项斗争总结表彰大会举行，强调要常态化推进扫黑除恶斗争。

1月11日—13日 十九届中央纪委二次全会举行。习近平讲话总结和阐述党的十八大以来全面从严治党的经验：坚持思想建党和制度治党相统一，坚持使命引领和问题导向相统一，坚持抓"关键少数"和管"绝大多数"相统一，坚持行使权力和担当责任相统一，坚持严格管理和关心信任相统一，坚持党内监督和群众监督相统一。赵乐际作工作报告。

1月15日 中共中央办公厅印发《中央巡视工作规划（2018—2022年）》。2月2日，十九届中央第一轮巡视工作动员部署会举行。赵乐际讲话。到2022年7月，十九届中央共完成9轮巡视，巡视282个党组织，实现对党中央管理的地方、部门、企事业单位党组织全覆盖。其中，对13个省区市、13个中央单位开展脱贫攻坚专项巡视和"回头看"。

1月18日—19日 中共十九届二中全会举行。19日，习近平在全会第二次全体会议上讲话指出，党中央决定对宪法进行适当修改，目的是在保持宪法连续性、稳定性、权威性的前提下，通过修改使我国宪法更好体现人民意志，更好体现中国特色社会主义制度的优势，更好适应提高中国共产党长期执政能力、推进全面依法治国、推进国家治理体系和治理能力现代化的要求，为新时代坚持和发展中国特色社会主义提供宪法保障。全会审议通过《中共中央关于修改宪法部分内容的建议》。

1月19日 国务院印发《关于全面加强基础科学研究的若干意见》。2018年，国务院印发的文件还有《关于积极有效利用外资推动经济高质量发展若干措施的通知》、《关于推动创新创业高质量发展打造"双创"升级版的意见》、《关于加快推进农业机械化和农机装备产业转型升级的指导意见》等。

1月20日　中共中央、国务院印发《关于全面深化新时代教师队伍建设改革的意见》。2018年，中共中央、国务院印发的文件还有《关于完善促进消费体制机制进一步激发居民消费潜力的若干意见》、《关于全面实施预算绩效管理的意见》、《关于学前教育深化改革规范发展的若干意见》等。

1月23日　中共中央办公厅、国务院办公厅印发《农村人居环境整治三年行动方案》。到2020年底，《方案》目标任务全面完成。2021年11月26日，中共中央办公厅、国务院办公厅印发《农村人居环境整治提升五年行动方案（2021—2025年）》。

1月31日—2月2日　英国首相特雷莎·梅对中国进行正式访问。习近平会见特雷莎·梅，强调中英双方应顺应时代潮流，结合两国各自发展阶段和合作需求，赋予中英关系新的时代内涵。李克强同特雷莎·梅举行中英总理年度会晤。

1月　《习近平谈治国理政》经修订后面向海内外再版发行，改称《习近平谈治国理政》第一卷。2017年11月、2020年6月、2022年6月，《习近平谈治国理政》第二卷、第三卷、第四卷先后出版，面向海内外发行。

2018年2月

2月9日　韩正出席在韩国平昌举行的第二十三届冬奥会开幕式。在本届冬奥会上，中国体育代表团获得1枚金牌、6枚银牌、2枚铜牌，位列奖牌榜第十六名。

同日　中共中央印发《中央党内法规制定工作第二个五年规划（2018—2022年）》，对此后五年党内法规制度建设进行顶层设计。

2月12日　习近平在成都主持召开打好精准脱贫攻坚战座谈会，

强调要把提高脱贫质量放在首位，聚焦深度贫困地区，扎实推进各项工作。6月15日，中共中央、国务院印发《关于打赢脱贫攻坚战三年行动的指导意见》。

2月26日—28日 中共十九届三中全会举行。习近平代表中央政治局向全会报告工作，就《中共中央关于深化党和国家机构改革的决定》稿和《深化党和国家机构改革方案》稿作说明，并发表讲话。全会通过拟向十三届全国人大一次会议推荐的国家机构领导人员人选建议名单和拟向全国政协十三届一次会议推荐的全国政协领导人员人选建议名单，通过《中共中央关于深化党和国家机构改革的决定》和《深化党和国家机构改革方案》，同意把《深化党和国家机构改革方案》的部分内容按照法定程序提交十三届全国人大一次会议审议。3月17日，十三届全国人大一次会议批准国务院机构改革方案。

2月27日 世界最大单口径球面射电望远镜（FAST）首次发现一颗毫秒脉冲星，并得到国际认证。

2018年3月

3月3日—15日 全国政协十三届一次会议举行。俞正声作全国政协常委会工作报告。会议选举汪洋为全国政协主席。

3月4日 习近平在参加全国政协十三届一次会议民盟、致公党、无党派人士、侨联界委员联组会时讲话指出，中国共产党领导的多党合作和政治协商制度作为我国一项基本政治制度，是中国共产党、中国人民和各民主党派、无党派人士的伟大政治创造，是从中国土壤中生长出来的新型政党制度。

3月5日—20日 十三届全国人大一次会议举行。李克强作政府工作报告。张德江作全国人大常委会工作报告。会议选举习近平为国家主席、国家中央军委主席，栗战书为全国人大常委会委员长，王岐山为国家副主席；决定李克强为国务院总理。会议通过《中华人民共和国宪法修正案》，把党的十九大确定的重大理论观点和重大方针政策特别是习近平新时代中国特色社会主义思想载入国家根本法；通过《中华人民共和国监察法》。

3月15日—16日 全国政协十三届常委会第一次会议举行。汪洋主持并讲话，强调要着力把握习近平总书记关于人民政协工作的重要思想的核心要义、精神实质，努力转化为人民政协的工作思路和务实举措，不断开创工作新局面。到2022年8月，全国政协十三届常委会共举行23次会议。

3月21日 李克强主持召开国务院常务会议，确定《政府工作报告》重点任务分工。新一届国务院开始全面履职。

同日 十三届全国人大常委会第一次会议举行。栗战书主持并讲话，强调要深入学习贯彻习近平新时代中国特色社会主义思想，长期坚持、不断完善人民代表大会制度。到2022年8月，十三届全国人大常委会共举行36次会议；十三届全国人大及其常委会通过宪法修正案，制定法律45件、修改法律107件、通过有关法律问题和重大问题的决定51件，我国现行有效法律共293件。

同日 国务院办公厅印发《关于改革完善仿制药供应保障及使用政策的意见》。2018年，国务院办公厅印发的文件还有《关于进一步压缩企业开办时间的意见》、《关于进一步加强城市轨道交通规划建设管理的意见》等。

3月23日 中华人民共和国国家监察委员会揭牌和宪法宣誓仪式举行。赵乐际出席并在中央纪委国家监委机关干部大会上讲话。至此，国家、省、市、县四级监察委员会全部组建完成，实现对所有行使公权力的公职人员监察全覆盖。

3月25日　中国首台散裂中子源建成。

3月28日　习近平主持召开中央全面深化改革委员会第一次会议，强调深化党和国家机构改革全面启动，标志着全面深化改革进入了一个新阶段，要加强和改善党对全面深化改革统筹领导，紧密结合深化机构改革推动改革工作。

3月　3月以来，针对美国政府单方面挑起的中美经贸摩擦，中国不得不采取中止关税减让义务、加征关税等反制措施，并在相互尊重、平等互利的原则基础上进行协商，坚决捍卫国家和人民利益。9月24日，《关于中美经贸摩擦的事实与中方立场》白皮书发布。2020年1月15日，中美双方签署第一阶段经贸协议。

2018年4月

4月2日　习近平主持召开中央财经委员会第一次会议，研究打好防范化解重大风险、精准脱贫、污染防治三大攻坚战的思路和举措。

4月8日—11日　博鳌亚洲论坛2018年年会在海南博鳌举行。习近平出席开幕式并发表《开放共创繁荣，创新引领未来》的主旨演讲。

4月11日　中共中央、国务院印发《关于支持海南全面深化改革开放的指导意见》，赋予海南经济特区改革开放新使命，建设自由贸易试验区和中国特色自由贸易港。13日，习近平在庆祝海南建省办经济特区30周年大会上讲话指出，海南要着力打造全面深化改革开放试验区、国家生态文明试验区、国际旅游消费中心、国家重大战略服务保障区，形成更高层次改革开放新格局。9月24日，国务院印发《中国（海南）自由贸易试验区总体方案》。2020年3月20日，中共中央、国务院印发《海南自由贸易港建设总体方案》。

4月12日　中央军委在南海海域举行海上阅兵。习近平检阅部队并讲话强调，要深入贯彻新时代党的强军思想，坚定不移加快海军现代化进程，努力把人民海军全面建成世界一流海军。

4月14日 中共中央、国务院批复同意《河北雄安新区规划纲要》。9月15日，印发《关于支持河北雄安新区全面深化改革和扩大开放的指导意见》。

4月17日 习近平主持召开十九届中央国家安全委员会第一次会议，强调全面贯彻落实总体国家安全观，必须坚持统筹发展和安全两件大事，坚持人民安全、政治安全、国家利益至上的有机统一，坚持立足于防，又有效处置风险，坚持维护和塑造国家安全，坚持科学统筹。

4月20日 十三届全国政协召开第一次双周协商座谈会，围绕"人工智能的发展与对策"协商议政。汪洋主持并讲话。到2022年8月，十三届全国政协共召开65次双周协商座谈会。党的十九大以来，十三届全国政协还召开了10次专题协商会、16次远程协商会、54次专家协商会。

4月20日—21日 全国网络安全和信息化工作会议举行。习近平讲话指出，我们不仅走出一条中国特色治网之道，而且提出一系列新思想新观点新论断，形成了网络强国战略思想。

4月26日 习近平在武汉主持召开深入推动长江经济带发展座谈会，强调新形势下推动长江经济带发展，关键是要正确把握整体推进和重点突破、生态环境保护和经济发展、总体谋划和久久为功、破除旧动能和培育新动能、自身发展和协同发展的关系。韩正讲话。

4月27日 十三届全国人大常委会第二次会议通过《中华人民共和国人民陪审员法》、《中华人民共和国英雄烈士保护法》。

4月 《习近平关于总体国家安全观论述摘编》出版发行。此后，中共中央党史和文献研究院相继编辑出版一系列习近平有关论述摘编、专题文集。

2018年5月

5月1日　中国同多米尼加建立外交关系。此后，中国同布基纳法索、萨尔瓦多、所罗门群岛、基里巴斯、尼加拉瓜等恢复或建立外交关系。到2022年8月，中国已同181个国家建立外交关系。

5月3日　国务院印发《关于推行终身职业技能培训制度的意见》。2019年5月18日，国务院办公厅印发《职业技能提升行动方案（2019—2021年）》。

5月4日　纪念马克思诞辰200周年大会举行。习近平讲话指出，马克思主义始终是我们党和国家的指导思想，是我们认识世界、把握规律、追求真理、改造世界的强大思想武器。新时代，中国共产党人仍然要学习马克思，学习和实践马克思主义，继续高扬马克思主义伟大旗帜，坚持和发展中国特色社会主义。

5月6日—11日　李克强对印度尼西亚进行正式访问，出席在日本东京举行的第七次中日韩领导人会议并对日本进行正式访问。

5月8日　天津市第一中级人民法院对孙政才受贿案一审公开宣判，判处孙政才无期徒刑，剥夺政治权利终身，并处没收个人全部财产；对其受贿所得财物及孳息予以追缴。

5月15日　习近平主持召开中央外事工作委员会第一次会议，强调要加强党中央对外事工作的集中统一领导，准确把握当前国际形势发展变化，努力开创中国特色大国外交新局面。

5月18日　中共中央办公厅印发《关于进一步激励广大干部新时代新担当新作为的意见》。2018年，中共中央办公厅印发的文件还有《关于建设新时代文明实践中心试点工作的指导意见》、《关于深化中央纪委国家监委派驻机构改革的意见》等。

5月18日—19日　全国生态环境保护大会举行。习近平讲话提出新时代推进生态文明建设的原则，强调要加快构建生态文明体系。大会总结并阐述了习近平生态文明思想。6月16日，中共中央、国务院印发《关于全面加强生态环境保护坚决打好污染防治攻坚战的意见》。

5月23日　习近平主持召开中央审计委员会第一次会议，强调要加强全国审计工作统筹，优化审计资源配置，做到应审尽审、凡审必严、严肃问责，努力构建集中统一、全面覆盖、权威高效的审计监督体系。

5月24日—25日　德国总理默克尔对中国进行正式访问。习近平同默克尔会晤，强调中德两国要做合作共赢的示范者、中欧关系的引领者、新型国际关系的推动者、超越意识形态差异的合作者。李克强、栗战书分别同默克尔会谈、会见。

5月25日　新一届国务院召开第一次全体会议，对政府工作进行部署，并提出要推进改革开放，促经济转型升级高质量发展，保障基本民生，不断改善人民生活。李克强讲话。

5月28日—6月1日　中国科学院第十九次院士大会、中国工程院第十四次院士大会举行。习近平指出，要以关键共性技术、前沿引领技术、现代工程技术、颠覆性技术创新为突破口，努力实现关键核心技术自主可控。

5月30日　国务院发出《关于建立企业职工基本养老保险基金中央调剂制度的通知》，迈出实现全国统筹的第一步。到2021年底，全国基本养老保险参保人数达10.3亿人，其中企业职工基本养老保险参保人数为4.2亿人。2022年1月，启动实施企业职工基本养老保险全国统筹制度。

2018年6月

6月7日　国务院批复同意将每年农历秋分设立为"中国农民丰收节"。

6月8日—10日　俄罗斯总统普京对中国进行国事访问并出席上海合作组织成员国元首理事会第十八次会议。习近平同普京会谈，一致同意推动新时代中俄关系在高水平上实现更大发展。李克强会见普京。

6月9日—10日　上海合作组织青岛峰会举行。10日，习近平主持并讲话，强调要提倡创新、协调、绿色、开放、共享的发展观，践行共同、综合、合作、可持续的安全观，秉持开放、融通、互利、共赢的合作观，树立平等、互鉴、对话、包容的文明观，坚持共商共建共享的全球治理观，不断改革完善全球治理体系，推动各国携手建设人类命运共同体。

6月11日　中共中央办公厅、国务院办公厅印发《国税地税征管体制改革方案》，改革国税地税征管体制，合并省级和省级以下国税地税机构，划转社会保险费和非税收入征管职责，构建优化高效统一的税收征管体系。

6月12日　首艘由我国自主设计建造的亚洲最大自航绞吸挖泥船"天鲲号"成功完成首次试航。

6月15日　国务院办公厅发出《关于做好证明事项清理工作的通知》。到2022年5月底，各地区各部门共清理取消证明事项2.1万多项。

6月22日—23日　中央外事工作会议举行。习近平讲话指出，把握国际形势要树立正确的历史观、大局观、角色观。当前，我国处于近代以来最好的发展时期，世界处于百年未有之大变局，两者同步交织、相互激荡。要深入分析世界转型过渡期国际形势的演变规律，准确把握历史交汇期我国外部环境的基本特征，统筹谋划和推进外交工作。会议总结并阐述了习近平外交思想。

6月26日—29日　中国共产主义青年团第十八次全国代表大会举行。王沪宁代表中共中央致词。7月2日，习近平同团中央新一届领导班子成员集体谈话，强调团的所有工作，归结到一点，就是要当好党的助手和后备军。

6月27日　国务院印发《打赢蓝天保卫战三年行动计划》。2021年，全国地级及以上城市空气质量优良天数比率达到87.5%。

6月30日　中共中央、国务院印发《关于完善国有金融资本管理的指导意见》，明确对国有金融资本实行统一授权管理，建立健全国有金融资本管理的"四梁八柱"。

2018年7月

7月3日—4日　全国组织工作会议举行。习近平讲话强调，新时代党的组织路线是：全面贯彻新时代中国特色社会主义思想，以组织体系建设为重点，着力培养忠诚干净担当的高素质干部，着力集聚爱国奉献的各方面优秀人才，坚持德才兼备、以德为先、任人唯贤，为坚持和加强党的全面领导、坚持和发展中国特色社会主义提供坚强组织保证。2021年5月22日，中共中央印发《中国共产党组织工作条例》。

7月5日—10日　李克强对保加利亚进行正式访问并出席在保加利亚索非亚举行的第七次中国—中东欧国家领导人会晤、在德国柏林主持第五轮中德政府磋商并对德国进行正式访问。

7月10日　中国—阿拉伯国家合作论坛第八届部长级会议在北京举行。习近平出席开幕式并发表《携手推进新时代中阿战略伙伴关系》的讲话。

7月12日　中共中央、国务院印发《粤港澳大湾区发展规划纲要》，推动建设富有活力和国际竞争力的一流湾区和世界级城市群，打造高质量发展的典范。

7月16日　第二十次中国—欧盟领导人会晤在北京举行。习近平会见欧洲理事会主席图斯克和欧盟委员会主席容克，表示愿推动中欧全面战略伙伴关系百尺竿头更进一步。李克强同图斯克、容克共同主持会晤。

7月19日—28日　习近平对阿联酋、塞内加尔、卢旺达和南非进行国事访问，出席在南非约翰内斯堡举行的金砖国家领导人第十次会晤，过境毛里求斯并进行友好访问。26日，在会晤上发表《让美好愿景变为现实》的讲话。

7月25日　国务院印发《关于加快推进全国一体化在线政务服务平台建设的指导意见》。2019年4月26日，公布《关于在线政务服务的若干规定》。

7月28日　国务院作出《关于取消一批行政许可等事项的决定》。2022年1月10日，国务院办公厅发出《关于全面实行行政许可事项清单管理的通知》。自2013年以来，累计取消和下放1098项行政许可事项。

7月31日　中共中央政治局召开会议，提出做好"六稳"工作，即稳就业、稳金融、稳外贸、稳外资、稳投资、稳预期。

2018年8月

8月5日　福建向金门供水工程正式通水。

8月6日　国务院办公厅印发《关于规范校外培训机构发展的意见》。2021年7月19日，中共中央办公厅、国务院办公厅印发《关于进一步减轻义务教育阶段学生作业负担和校外培训负担的意见》。

同日　国务院办公厅印发《港澳台居民居住证申领发放办法》。

8月17日—19日　中央军委党的建设会议举行。习近平讲话指出，要毫不动摇坚持党对军队绝对领导，锻造坚强有力的党组织，锻造高素质干部和人才队伍，深入推进党风廉政建设和反腐败斗争，为实现党在新时代的强军目标、完成好新时代军队使命任务提供坚强政治保证。9月1日，中央军委作出《关于加强新时代军队党的建设的决定》。

8月18日 中共中央印发修订后的《中国共产党纪律处分条例》，增加了"两个维护"、"四个意识"等内容，并对在重大原则问题上不同党中央保持一致，搞山头主义、落实党中央决策部署打折扣、搞变通、搞两面派、做两面人等行为的处理作出具体规定。

8月18日—9月2日 中国体育代表团在印尼雅加达举行的第十八届亚运会上获得132枚金牌、92枚银牌、65枚铜牌，居金牌榜和奖牌榜第一位。

8月20日 全国首家金融法院——上海金融法院正式挂牌成立。

8月21日—22日 全国宣传思想工作会议举行。习近平讲话强调，中国特色社会主义进入新时代，必须把统一思想、凝聚力量作为宣传思想工作的中心环节。做好新形势下宣传思想工作，必须自觉承担起举旗帜、聚民心、育新人、兴文化、展形象的使命任务。2019年6月29日，中共中央印发《中国共产党宣传工作条例》。

8月24日 习近平主持召开中央全面依法治国委员会第一次会议，强调党中央决定组建中央全面依法治国委员会，目的是加强党对全面依法治国的集中统一领导，统筹推进全面依法治国工作。

8月27日 习近平在推进"一带一路"建设工作5周年座谈会上讲话指出，过去几年共建"一带一路"完成了总体布局，绘就了一幅"大写意"，今后要聚焦重点、精雕细琢，共同绘制好精谨细腻的"工笔画"。2021年11月19日，习近平在第三次"一带一路"建设座谈会上强调，要以高标准、可持续、惠民生为目标，推动共建"一带一路"高质量发展不断取得新成效。

8月31日 十三届全国人大常委会第五次会议通过《中华人民共

和国电子商务法》、《中华人民共和国土壤污染防治法》、《关于修改〈中华人民共和国个人所得税法〉的决定》。

2018年9月

9月3日—4日 中非合作论坛北京峰会举行。习近平主持峰会并在开幕式上发表主旨讲话，提出中非要携手打造责任共担、合作共赢、幸福共享、文化共兴、安全共筑、和谐共生的中非命运共同体。会议通过《关于构建更加紧密的中非命运共同体的北京宣言》和《中非合作论坛—北京行动计划（2019—2021年）》。

9月10日 全国教育大会举行。习近平讲话指出，教育是国之大计、党之大计，要坚持改革创新，以凝聚人心、完善人格、开发人力、培育人才、造福人民为工作目标，培养德智体美劳全面发展的社会主义建设者和接班人，加快推进教育现代化、建设教育强国、办好人民满意的教育。李克强讲话。12月8日，中共中央、国务院印发《中国教育现代化2035》。到2022年9月，我国学前教育毛入园率88.1%，九年义务教育巩固率95.4%，高中阶段教育毛入学率91.4%，高等教育毛入学率57.8%。

9月11日—12日 习近平出席在俄罗斯符拉迪沃斯托克举行的第四届东方经济论坛。12日，在论坛全会上发表《共享远东发展新机遇，开创东北亚美好新未来》的致辞。

9月13日 国务院办公厅印发《关于完善国家基本药物制度的意见》。2019年7月19日，印发《治理高值医用耗材改革方案》。

9月20日 宁夏回族自治区成立60周年庆祝大会在银川举行。中共中央、全国人大常委会、国务院、全国政协、中央军委致电祝贺。汪洋讲话。

9月23日　广深港高铁全线开通运营,香港正式接入国家高铁网络。

9月27日　国务院发出《关于在全国推开"证照分离"改革的通知》。2021年5月19日,发出《关于深化"证照分离"改革进一步激发市场主体发展活力的通知》,部署在全国范围内实施涉企经营许可事项全覆盖清单管理。

同日　浙江"千村示范、万村整治"工程获联合国环保最高奖项"地球卫士奖"。

9月28日　习近平在沈阳主持召开深入推进东北振兴座谈会,强调以新气象新担当新作为推进东北振兴,形成对国家重大战略的坚强支撑。

2018年10月

10月1日　中共中央、国务院印发《关于保持土地承包关系稳定并长久不变的意见》。指出,保持土地集体所有、家庭承包经营的基本制度长久不变;保持农户依法承包集体土地的基本权利长久不变;保持农户承包地稳定。

10月10日　习近平主持召开中央财经委员会第三次会议,决定全面启动规划建设川藏铁路。12月28日,川藏铁路成都至雅安段开通运营。2020年11月8日,雅安至林芝段开工建设。

10月11日—19日　李克强出席在塔吉克斯坦杜尚别举行的上海合作组织成员国政府首脑(总理)理事会第十七次会议并对塔吉克斯坦和荷兰进行正式访问、出席在比利时布鲁塞尔举行的第十二届亚欧首脑会议并对比利时进行工作访问。

10月20日　中国自主研制的大型灭火/水上救援水陆两栖飞机AG600在湖北荆门漳河机场成功实施首次水上试飞任务。这是当时世界上在研最大的水陆两栖飞机。

10月22日—26日 中国工会第十七次全国代表大会举行。王沪宁代表中共中央致词。29日，习近平同中华全国总工会新一届领导班子成员集体谈话，强调要团结动员亿万职工积极建功新时代，开创我国工运事业和工会工作新局面。

10月23日 世界上最长的跨海大桥——港珠澳大桥开通仪式在广东珠海举行。习近平出席仪式并宣布港珠澳大桥正式开通。

10月25日—27日 日本首相安倍晋三对中国进行正式访问。习近平会见安倍晋三，强调双方要遵循中日四个政治文件确立的各项原则，推动中日关系在重回正轨基础上得到新的发展。李克强、栗战书分别同安倍晋三会谈、会见。

10月26日 十三届全国人大常委会第六次会议通过《中华人民共和国国际刑事司法协助法》、修订后的《中华人民共和国人民法院组织法》和《中华人民共和国人民检察院组织法》，通过《关于修改〈中华人民共和国刑事诉讼法〉的决定》。

10月28日 中共中央印发《中国共产党支部工作条例（试行）》。

10月30日—11月2日 中国妇女第十二次全国代表大会举行。赵乐际代表中共中央致词。11月2日，习近平同全国妇联新一届领导班子成员集体谈话，强调要坚持中国特色社会主义妇女发展道路，组织动员妇女走在时代前列建功立业。

10月 经中央军委研究并报党中央批准，决定给予房峰辉开除党籍处分。此前，中央军委已决定给予房峰辉开除军籍处分，取消其上将军衔。2019年2月20日，军事法院依法对房峰辉受贿、行贿、巨额财产来源不明案进行宣判，决定执行无期徒刑，剥夺政治权利终身，并处没收个人全部财产，追缴的赃款赃物上缴国库。

同月 经中央军委研究并报党中央批准，决定开除张阳党籍，依纪依法追缴涉案财物。此前，中央军委已决定开除张阳军籍，取消其上将军衔。

2018年11月

11月1日 习近平在主持召开民营企业座谈会时讲话指出，我们强调把公有制经济巩固好、发展好，同鼓励、支持、引导非公有制经济发展不是对立的，而是有机统一的。各级党委和政府要把构建亲清新型政商关系的要求落到实处，把支持民营企业发展作为一项重要任务。2019年12月4日，中共中央、国务院印发《关于营造更好发展环境支持民营企业改革发展的意见》。

11月5日—10日 首届中国国际进口博览会在上海举行。习近平出席开幕式并发表主旨演讲时指出，中国国际进口博览会是迄今为止世界上第一个以进口为主题的国家级展会，是中国推动建设开放型世界经济、支持经济全球化的实际行动；宣布增设中国（上海）自由贸易试验区的新片区、在上海证券交易所设立科创板并试点注册制、支持长江三角洲区域一体化发展并上升为国家战略。2019年11月、2020年11月、2021年11月，第二届、第三届、第四届中国国际进口博览会先后举行。

11月6日 李克强在北京同世界银行、国际货币基金组织、世界贸易组织、经济合作与发展组织、金融稳定理事会和国际劳工组织等主要国际经济金融机构负责人举行第三次"1+6"圆桌对话会。

11月9日 习近平向国家综合性消防救援队伍授旗并致训词。到2022年8月，国家综合性消防救援队伍共从火灾及各类灾害事故救援现场救出遇险被困人员77.5万人、疏散转移206.4万人。

11月15日—21日 习近平对巴布亚新几内亚、文莱、菲律宾进行国事访问，同建交太平洋岛国领导人会晤并出席在巴新莫尔兹比港举行的亚太经合组织第二十六次领导人非正式会议。18日，在亚太经合组织领导人非正式会议上发表《把握时代机遇，共谋亚太繁荣》的讲话。

11月18日　中共中央、国务院印发《关于建立更加有效的区域协调发展新机制的意见》，要求加快形成统筹有力、竞争有序、绿色协调、共享共赢的区域协调发展新机制。

11月27日—12月5日　习近平对西班牙、阿根廷、巴拿马、葡萄牙进行国事访问并出席在阿根廷布宜诺斯艾利斯举行的二十国集团领导人第十三次峰会。11月30日，在峰会上发表《登高望远，牢牢把握世界经济正确方向》的讲话。

2018年12月

12月8日　嫦娥四号探测器成功发射。2019年1月3日，实现世界首次月球背面软着陆，并开展就位探测与巡视探测。

12月10日　广西壮族自治区成立60周年庆祝大会在南宁举行。中共中央、全国人大常委会、国务院、全国政协、中央军委致电祝贺。汪洋讲话。

12月12日、14日　《〈内地与澳门关于建立更紧密经贸关系的安排〉货物贸易协议》、《〈内地与香港关于建立更紧密经贸关系的安排〉货物贸易协议》分别签署。

12月13日　国务院印发《个人所得税专项附加扣除暂行办法》。2022年3月19日，发出《关于设立3岁以下婴幼儿照护个人所得税专项附加扣除的通知》。

12月18日　庆祝改革开放40周年大会举行。习近平讲话指出，改革开放是党和人民大踏步赶上时代的重要法宝，是坚持和发展中国特色社会主义的必由之路，是决定当代中国命运的关键一招，也是决定实现"两个一百年"奋斗目标、实现中华民族伟大复兴的关键一招。大会向 100 名获改革先锋称号的同志和 10 名获中国改革友谊奖章的国际友人颁授奖章。

12 月 19 日—21 日　中央经济工作会议举行。习近平总结 2018 年经济工作，分析经济形势，部署 2019 年经济工作。李克强对 2019 年经济工作作出具体部署并作总结讲话。会议提出"巩固、增强、提升、畅通"八字方针，为进一步坚持以供给侧结构性改革为主线不动摇、推动高质量发展指明了方向。

12 月 21 日　《市场准入负面清单（2018 年版）》发布，标志着我国全面实施市场准入负面清单制度。经过 3 次修改，2022 年版减至 117 项，减幅达 22.5%。

12 月 28 日　中共中央印发修订后的《中国共产党农村基层组织工作条例》。此后，还制定修订了《中国共产党党和国家机关基层组织工作条例》、《中国共产党国有企业基层组织工作条例（试行）》、《中国共产党普通高等学校基层组织工作条例》。

12 月 29 日　十三届全国人大常委会第七次会议通过《中华人民共和国耕地占用税法》、《中华人民共和国车辆购置税法》、修订后的《中华人民共和国公务员法》。

2019 年 1 月

1 月 1 日　我国开始全面实施综合与分类相结合的个人所得税改革。

1 月 2 日　《告台湾同胞书》发表 40 周年纪念会举行。习近平发表《为实现民族伟大复兴、推进祖国和平统一而共同奋斗》的讲话，阐述立足新时代、在民族复兴伟大征程中推进祖国和平统一的 5 项重大政策主张：携手推动民族复兴，实现和平统一目标；探索"两制"台湾方案，丰富和平统一实践；坚持一个中国原则，维护和平统一前景；深化两岸融合发展，夯实和平统一基础；实现同胞心灵契合，增进和平统一认同。

1月3日 中共中央、国务院印发《关于坚持农业农村优先发展做好"三农"工作的若干意见》，要求深化农业供给侧结构性改革，坚决打赢脱贫攻坚战，充分发挥农村基层党组织战斗堡垒作用，全面推进乡村振兴，确保顺利完成到2020年承诺的农村改革发展目标任务。

1月4日 中央军委军事工作会议举行。习近平讲话指出，全军要深入贯彻新时代军事战略方针，在新的起点上做好军事斗争准备工作，坚决完成党和人民赋予的使命任务。

1月11日 北京市级行政中心正式迁入北京城市副中心，办公区位于通州潞城镇。2021年8月21日，国务院印发《关于支持北京城市副中心高质量发展的意见》。

1月11日—13日 十九届中央纪委三次全会举行。习近平总结改革开放40年管党治党的经验，指出必须不断进行自我革命，同一切影响党的先进性、弱化党的纯洁性的问题作坚决斗争，实现自我净化、自我完善、自我革新、自我提高。赵乐际作工作报告。

1月12日 国务院印发《关于促进综合保税区高水平开放高质量发展的若干意见》。2019年，国务院印发的文件还有《关于推进国家级经济技术开发区创新提升打造改革开放新高地的意见》、《关于促进乡村产业振兴的指导意见》、《中国（上海）自由贸易试验区临港新片区总体方案》等。

1月15日—16日 中央政法工作会议举行。习近平讲话指出，要坚持以新时代中国特色社会主义思想为指导，坚持党对政法工作的绝对领导，坚持以人民为中心的发展思想，加快推进社会治理现代化，加快推进政法领域全面深化改革，加快推进政法队伍革命化、正规化、专业化、职业化建设。此前，13日，中共中央印发《中国共产党政法工作条例》。

1月18日　习近平主持召开京津冀协同发展座谈会，强调当前和今后一个时期京津冀协同发展进入到滚石上山、爬坡过坎、攻坚克难的关键阶段，需要下更大气力推进工作。

1月21日—24日　省部级主要领导干部坚持底线思维着力防范化解重大风险专题研讨班举行。习近平在开班式上讲话，对防范化解政治、意识形态、经济、科技、社会、外部环境、党的建设等领域重大风险作出分析，提出要求。强调领导干部要敢于担当、敢于斗争，保持斗争精神、增强斗争本领，应对好每一场重大风险挑战。

1月24日　国务院印发《国家职业教育改革实施方案》。到2022年5月，我国已建成世界规模最大职业教育体系，共有职业学校1.13万所，在校生超过2915万人。

1月27日　国务院印发《关于在市场监管领域全面推行部门联合"双随机、一公开"监管的意见》。9月6日，印发《关于加强和规范事中事后监管的指导意见》。

1月31日　中共中央印发《关于加强党的政治建设的意见》，进一步将坚决做到"两个维护"作为加强党的政治建设的首要任务。

同日　中共中央印发《中国共产党重大事项请示报告条例》。

2019年2月

2月26日　国务院办公厅发出《关于压缩不动产登记办理时间的通知》。2019年，国务院办公厅印发的文件还有《关于全面推进生育保险和职工基本医疗保险合并实施的意见》、《关于促进平台经济规范健康发展的指导意见》、《体育强国建设纲要》等。

2019年3月

3月1日 2019年春季学期中央党校（国家行政学院）中青年干部培训班开班。习近平在开班式上讲话强调，培养选拔优秀年轻干部是一件大事，关乎党的命运、国家的命运、民族的命运、人民的福祉，是百年大计。到2022年3月，习近平连续6次在中央党校（国家行政学院）中青年干部培训班开班式上讲话。

3月3日 中共中央印发修订后的《党政领导干部选拔任用工作条例》，从制度层面提出有针对性的举措，进一步改进方式、完善程序、提升效能，为建设忠诚干净担当的高素质专业化干部队伍提供有力制度保证。4月7日，中共中央办公厅印发《党政领导干部考核工作条例》。

3月3日—13日 全国政协十三届二次会议举行。汪洋作全国政协常委会工作报告。

3月5日—15日 十三届全国人大二次会议举行。李克强作政府工作报告。栗战书作全国人大常委会工作报告。会议通过《中华人民共和国外商投资法》。

3月6日 中共中央办公厅发出《关于解决形式主义突出问题为基层减负的通知》，明确2019年为"基层减负年"。2020年4月13日，发出《关于持续解决困扰基层的形式主义问题为决胜全面建成小康社会提供坚强作风保证的通知》。

3月18日 习近平主持召开学校思想政治理论课教师座谈会时讲话强调，思政课是落实立德树人根本任务的关键课程。办好思想政治理论课，最根本的是要全面贯彻党的教育方针，解决好培养什么人、怎样培养人、为谁培养人这个根本问题。8月6日，中共中央办公厅、国务院办公厅印发《关于深化新时代学校思想政治理论课改革创新的若干意见》。

3月19日　中共中央办公厅印发《公务员职务与职级并行规定》，旨在健全公务员激励保障机制，完善中国特色公务员制度。

3月20日　全国巡视工作会议暨十九届中央第三轮巡视动员部署会举行。赵乐际讲话。这是党的十八大以来首次召开全国巡视工作会议。到2022年3月，共召开4次全国巡视工作会议。

3月21日—26日　习近平对意大利、摩纳哥、法国进行国事访问。26日，在中法全球治理论坛闭幕式上发表《为建设更加美好的地球家园贡献智慧和力量》的讲话，提出要破解治理赤字、信任赤字、和平赤字、发展赤字。

3月27日　中共中央办公厅、国务院办公厅印发《关于促进中小企业健康发展的指导意见》。2019年，中共中央办公厅、国务院办公厅印发的文件还有《关于统筹推进自然资源资产产权制度改革的指导意见》、《关于进一步弘扬科学家精神加强作风和学风建设的意见》、《关于加快推进公共法律服务体系建设的意见》、《关于在国土空间规划中统筹划定落实三条控制线的指导意见》、《关于强化知识产权保护的意见》、《关于促进劳动力和人才社会性流动体制机制改革的意见》等。

3月29日　国务院办公厅印发《关于推进养老服务发展的意见》。到2022年一季度，全国各类养老机构和设施总数达36万个、床位812.6万张。

2019年4月

4月1日　国务院办公厅印发《降低社会保险费率综合方案》，为企业社保缴费减负。

4月4日　中共中央作出《关于废止、宣布失效和修改部分党内法规和规范性文件的决定》，标志着2018年11月部署开展的中央党内法规和规范性文件第二次集中清理工作圆满完成。

4月6日　中共中央印发修订后的《中国共产党党组工作条例》，进一步明确党组管党治党的政治责任。

4月15日　中共中央、国务院印发《关于建立健全城乡融合发展体制机制和政策体系的意见》，提出建立健全有利于城乡要素合理配置、城乡基本公共服务普惠共享、城乡基础设施一体化发展、乡村经济多元化发展、农民收入持续增长的体制机制。

4月16日　习近平在重庆主持召开解决"两不愁三保障"突出问题座谈会，强调到2020年稳定实现农村贫困人口不愁吃、不愁穿，义务教育、基本医疗、住房安全有保障，是贫困人口脱贫的基本要求和核心指标，务必一鼓作气、顽强作战，不获全胜决不收兵。

4月19日　国务院印发《改革国有资本授权经营体制方案》。国资监管机构在由"管企业"转向"管资本"的过程中迈出重要步伐。

4月22日　国务院"互联网＋督查"平台正式上线运行。2020年12月26日，国务院公布《政府督查工作条例》。

4月23日　庆祝人民海军成立70周年海上阅兵活动在山东青岛举行。习近平出席并检阅舰队。同日，习近平集体会见应邀出席活动的外方代表团团长并讲话，提出海洋命运共同体理念。

同日　十三届全国人大常委会第十次会议通过修订后的《中华人民共和国法官法》和《中华人民共和国检察官法》。

4月25日—27日　第二届"一带一路"国际合作高峰论坛在北京举行。习近平出席开幕式并发表主旨演讲，强调要秉持共商共建共享原则，坚持开放、绿色、廉洁理念，努力实现高标准、惠民生、可持续目标，推动共建"一带一路"沿着高质量发展方向不断前进。2020年6月18日，习近平向"一带一路"国际合作高级别视频会议发表书面致辞，强调要把"一带一路"打造成团结应对挑战的合作之路、维护人民健康安全的健康之路、促进经济社会恢复的复苏之路、释放发展潜力的增长之路。从2013年习近平提出"一带一路"倡议到2021年，中国同"一带一路"沿线国家货物贸易额累计近11万亿美元，对沿线国家直接投资累计1640亿美元，"六廊六路多国多港"的互联互通架构基本形成。

4月28日　2019年中国北京世界园艺博览会开幕式举行。习近平出席并发表《共谋绿色生活，共建美丽家园》的讲话。

4月30日　纪念五四运动100周年大会举行。习近平讲话指出，新时代中国青年运动的主题，新时代中国青年运动的方向，新时代中国青年的使命，就是坚持中国共产党领导，同人民一道，为实现"两个一百年"奋斗目标、实现中华民族伟大复兴的中国梦而奋斗。

2019年5月

5月2日　中共中央、国务院印发《关于新时代推进西部大开发形成新格局的指导意见》，提出强化举措抓重点、补短板、强弱项，形成大保护、大开放、高质量发展的新格局。

5月7日—8日　全国公安工作会议举行。习近平讲话强调，要坚持政治建警、改革强警、科技兴警、从严治警，履行好党和人民赋予的新时代职责使命。

5月9日　中共中央、国务院印发《关于深化改革加强食品安全工作的意见》，围绕建立最严谨的标准、实施最严格的监管、实行最严厉的处罚、坚持最严肃的问责等提出政策举措。

同日　中共中央、国务院印发《关于建立国土空间规划体系并监督实施的若干意见》，将主体功能区规划、土地利用规划、城乡规划等空间规划融合为统一的国土空间规划，实现"多规合一"。

5月15日—22日　首届亚洲文明对话大会在北京举行。习近平在开幕式上发表《深化文明交流互鉴，共建亚洲命运共同体》的主旨演讲，呼吁坚持相互尊重、平等相待，美人之美、美美与共，开放包容、互学互鉴，与时俱进、创新发展，共同创造亚洲文明和世界文明的美好未来。

5月21日　习近平在南昌主持召开推动中部地区崛起工作座谈会，强调领导干部要胸怀两个大局，一个是中华民族伟大复兴的战略全局，一个是世界百年未有之大变局，这是我们谋划工作的基本出发点。

同日　中共中央印发《关于在全党开展"不忘初心、牢记使命"主题教育的意见》。2019年5月底至2020年1月，全党分两批开展"不忘初心、牢记使命"主题教育，总要求是守初心、担使命，找差距、抓落实；根本任务是深入学习贯彻习近平新时代中国特色社会主义思想，锤炼忠诚干净担当的政治品格，团结带领全国各族人民为实现伟大梦想共同奋斗；具体目标是理论学习有收获、思想政治受洗礼、干事创业敢担当、为民服务解难题、清正廉洁作表率。2020年9月5日，中共中央办公厅印发《关于巩固深化"不忘初心、牢记使命"主题教育成果的意见》。

5月30日　中共中央、国务院印发《长江三角洲区域一体化发展规划纲要》，部署推动形成区域协调发展新格局、加强协同创新产业体系建设、提升基础设施互联互通水平等重要任务。

5月　《习近平强军思想学习纲要》出版发行。此后，《习近平外交思想学习纲要》、《习近平法治思想学习纲要》、《习近平经济思想学习纲要》、《习近平生态文明思想学习纲要》等相继出版发行。

2019年6月

6月2日　习近平对垃圾分类工作作出指示强调，推行垃圾分类，关键是要加强科学管理、形成长效机制、推动习惯养成。2019年起，全国地级及以上城市全面启动生活垃圾分类工作。

6月3日　推动长三角一体化发展领导小组全体会议在上海举行。韩正主持并讲话。

6月4日　中共中央发出关于印发《习近平新时代中国特色社会主义思想学习纲要》的通知。

6月5日—7日　习近平对俄罗斯进行国事访问并出席第二十三届圣彼得堡国际经济论坛。5日，在莫斯科同俄罗斯总统普京会谈，两国元首共同宣布发展中俄新时代全面战略协作伙伴关系。同日，习近平在中俄建交70周年纪念大会上发表《携手努力，并肩前行，开创新时代中俄关系的美好未来》的讲话。

6月6日　中共中央办公厅、国务院办公厅印发《中央生态环境保护督察工作规定》。到2022年6月，第二轮中央生态环境保护督察全部完成。

同日　工业和信息化部向四家运营商颁发5G牌照，中国通信行业进入5G时代。到2022年7月底，我国已建成全球规模最大的5G网络，开通5G基站196.8万个，所有地级市城区、县城城区和96%的乡镇镇区实现5G网络覆盖。

6月12日—16日　习近平对吉尔吉斯斯坦、塔吉克斯坦进行国事访问并出席在吉尔吉斯斯坦比什凯克举行的上海合作组织成员国元首理事会第十九次会议和在塔吉克斯坦杜尚别举行的亚洲相互协作与信任措施会议第五次峰会。14日，在上合组织元首理事会会议上发表《凝心聚力，务实笃行，共创上海合作组织美好明天》的讲话。15日，在亚信峰会上发表《携手开创亚洲安全和发展新局面》的讲话。

6月15日　中共中央办公厅、国务院办公厅印发《关于建立以国家公园为主体的自然保护地体系的指导意见》。到 2022 年 8 月，我国建有各类自然保护地近万处，设立三江源、大熊猫、东北虎豹、海南热带雨林、武夷山第一批 5 个国家公园，国家级自然保护区达 474 个，各类自然保护地的面积占到陆域国土面积的 18%。

6月20日—21日　习近平对朝鲜进行国事访问。20日，在平壤同朝鲜劳动党总书记、国务委员长（时任朝鲜劳动党委员长、国务委员会委员长）金正恩会谈，双方一致同意，在新的历史起点上，中朝双方愿不忘初心、携手前进，共同开创两党两国关系的美好未来。

6月23日　中共中央、国务院印发《国家积极应对人口老龄化中长期规划》，从夯实应对人口老龄化的社会财富储备、改善人口老龄化背景下的劳动力有效供给、打造高质量的为老服务和产品供给体系等方面部署工作任务。

同日　中共中央、国务院印发《关于深化教育教学改革全面提高义务教育质量的意见》，要求全面发展素质教育，培养德智体美劳全面发展的社会主义建设者和接班人。

6月24日　国务院印发《关于实施健康中国行动的意见》。到 2021 年，我国居民人均预期寿命提高到 78.2 岁，主要健康指标居于中高收入国家前列。

6月27日—29日　习近平出席在日本大阪举行的二十国集团领导人第十四次峰会。28日，在峰会上发表《携手共进，合力打造高质量世界经济》的发言。

6月29日　国家主席习近平签署发布特赦令，在中华人民共和国成立 70 周年之际对九类服刑罪犯实行特赦。

同日　十三届全国人大常委会第十一次会议通过《中华人民共和国疫苗管理法》。

6月 6月以来，针对香港爆发"修例风波"，以习近平同志为核心的党中央审时度势、果断决策，坚定支持香港特别行政区行政长官和政府及警队采取一系列举措，依法打击和惩治暴力犯罪活动，止暴制乱，恢复秩序。2020年5月28日，十三届全国人大三次会议通过《关于建立健全香港特别行政区维护国家安全的法律制度和执行机制的决定》。6月30日，十三届全国人大常委会第二十次会议通过《中华人民共和国香港特别行政区维护国家安全法》，并将其列入香港特别行政区基本法附件三，对香港特别行政区维护国家安全制度机制作出法律化、规范化、明晰化的具体安排。7月，香港特别行政区维护国家安全委员会、中央人民政府驻香港特别行政区维护国家安全公署相继成立。

2019年7月

7月5日 深化党和国家机构改革总结会议举行。习近平讲话指出，深化党和国家机构改革是对党和国家组织结构和管理体制的一次系统性、整体性重构，为完善和发展中国特色社会主义制度、推进国家治理体系和治理能力现代化提供了有力组织保障。

7月9日 中央和国家机关党的建设工作会议举行。习近平讲话指出，新形势下，中央和国家机关要以党的政治建设为统领，着力深化理论武装，着力夯实基层基础，着力推进正风肃纪，全面提高中央和国家机关党的建设质量，在深入学习贯彻党的思想理论上作表率，在始终同党中央保持高度一致上作表率，在坚决贯彻落实党中央各项决策部署上作表率，建设让党中央放心、让人民群众满意的模范机关。此前，2月25日，中共中央印发《关于加强和改进中央和国家机关党的建设的意见》。

7月22日 科创板首批公司在上海证券交易所挂牌上市交易，标志着设立科创板并试点注册制正式落地。

7月24日　国务院新闻办发表《新时代的中国国防》白皮书。

2019年8月

8月2日　国务院印发《中国（山东）、（江苏）、（广西）、（河北）、（云南）、（黑龙江）自由贸易试验区总体方案》。2020年8月30日，印发《中国（北京）、（湖南）、（安徽）自由贸易试验区总体方案》。至此，我国先后部署设立21个自由贸易试验区，形成覆盖东西南北中的试点格局。

8月5日　中共中央印发《中国共产党机构编制工作条例》。为完善加强党对各方面工作领导的党内法规，还制定修订《中国共产党农村工作条例》、《中国共产党统一战线工作条例》、《中国共产党领导国家安全工作条例》、《中国共产党政治协商工作条例》等。

8月9日　中共中央、国务院印发《关于支持深圳建设中国特色社会主义先行示范区的意见》。2020年10月14日，习近平在深圳经济特区建立40周年庆祝大会上讲话，总结经济特区改革开放、创新发展积累的10条宝贵经验，强调深圳要建设好中国特色社会主义先行示范区，创建社会主义现代化强国的城市范例，提高贯彻落实新发展理念能力和水平。

8月10日　我国31个省（自治区、直辖市）的50余万个建制村全部实现直接通邮。2020年底，全国乡镇快递网点覆盖率达98%，基本实现"乡乡有网点"。

8月17日　中国人民银行宣布改革完善贷款市场报价利率（LPR）形成机制，深化利率市场化改革，推动降低贷款实际利率。

8月19日　部分省份稳就业工作座谈会在哈尔滨举行。李克强主持并讲话。12月13日，国务院印发《关于进一步做好稳就业工作的意见》。

同日　第十五届精神文明建设"五个一工程"表彰座谈会举行。《必由之路》等73部作品获奖。

8月25日　中共中央印发修订后的《中国共产党问责条例》，着力提高党的问责工作的政治性、精准性、实效性。

8月26日　十三届全国人大常委会第十二次会议通过《中华人民共和国资源税法》、修订后的《中华人民共和国药品管理法》。

2019年9月

9月3日　中共中央印发修订后的《中国共产党党内法规制定条例》、《中国共产党党内法规和规范性文件备案审查规定》和新制定的《中国共产党党内法规执行责任制规定（试行）》，进一步对党内法规工作进行全链条的制度规范。

9月14日　中共中央、国务院印发《交通强国建设纲要》。2021年2月8日，印发《国家综合立体交通网规划纲要》。

9月18日　习近平在郑州主持召开黄河流域生态保护和高质量发展座谈会，强调黄河流域生态保护和高质量发展是重大国家战略，要共同抓好大保护，协同推进大治理，让黄河成为造福人民的幸福河。韩正讲话。

9月20日　中央政协工作会议暨庆祝中国人民政治协商会议成立70周年大会举行。习近平讲话强调，新时代加强和改进人民政协工作，要把坚持和发展中国特色社会主义作为巩固共同思想政治基础的主轴，把服务实现"两个一百年"奋斗目标作为工作主线，把加强思想政治引领、广泛凝聚共识作为中心环节，坚持团结和民主两大主题，提高政治协商、民主监督、参政议政水平，更好凝聚共识，把人民政协制度坚持好、把人民政协事业发展好。10月7日，中共中央印发《关于新时代加强和改进人民政协工作的意见》。

9月25日 北京大兴国际机场投运仪式举行。习近平出席并宣布机场正式投运。

同日 长三角地区全部41个城市实现医保"一卡通",率先探索异地就医门诊费用直接结算。到2021年12月,全国已实现31个省(自治区、直辖市)和新疆生产建设兵团所有统筹地区普通门诊费用跨省直接结算全覆盖。

9月27日 习近平在全国民族团结进步表彰大会上讲话指出,要以铸牢中华民族共同体意识为主线,把民族团结进步事业作为基础性事业抓紧抓好。要全面贯彻党的民族理论和民族政策,坚持共同团结奋斗、共同繁荣发展,促进各民族像石榴籽一样紧紧拥抱在一起,推动中华民族走向包容性更强、凝聚力更大的命运共同体。

9月29日 中华人民共和国国家勋章和国家荣誉称号颁授仪式举行。习近平向国家勋章和国家荣誉称号获得者颁授勋章奖章并讲话。

2019年10月

10月1日 首都各界庆祝中华人民共和国成立70周年大会举行。习近平讲话强调,社会主义中国巍然屹立在世界东方,没有任何力量能够撼动我们伟大祖国的地位,没有任何力量能够阻挡中国人民和中华民族的前进步伐。20余万军民参加阅兵仪式和群众游行。习近平检阅受阅部队。

10月11日—13日 习近平出席在印度金奈举行的中印领导人第二次非正式会晤、对尼泊尔进行国事访问。12日,在金奈同印度总理莫迪会晤。同日,在加德满都会见尼泊尔总统班达里,两国元首共同宣布建立中尼面向发展与繁荣的世代友好的战略合作伙伴关系。

10月15日　我国首艘自主建造的极地科学考察破冰船"雪龙2"号首航南极。

10月17日、31日　中共中央、国务院先后印发《新时代公民道德建设实施纲要》、《新时代爱国主义教育实施纲要》。

10月20日　中共中央、国务院印发《关于促进中医药传承创新发展的意见》。

10月22日　国务院公布《优化营商环境条例》。2021年10月31日，印发《关于开展营商环境创新试点工作的意见》。

10月26日　十三届全国人大常委会第十四次会议通过《中华人民共和国密码法》。

10月28日—31日　中共十九届四中全会举行。习近平代表中央政治局向全会报告工作，就《中共中央关于坚持和完善中国特色社会主义制度、推进国家治理体系和治理能力现代化若干重大问题的决定（讨论稿）》作说明，并发表讲话。全会审议通过《中共中央关于坚持和完善中国特色社会主义制度、推进国家治理体系和治理能力现代化若干重大问题的决定》。全会指出，坚持和完善中国特色社会主义制度、推进国家治理体系和治理能力现代化的总体目标是，到我们党成立100年时，在各方面制度更加成熟更加定型上取得明显成效；到2035年，各方面制度更加完善，基本实现国家治理体系和治理能力现代化；到新中国成立100年时，全面实现国家治理体系和治理能力现代化，使中国特色社会主义制度更加巩固、优越性充分展现。全会强调，突出坚持和完善支撑中国特色社会主义制度的根本制度、基本制度、重要制度，着力固根基、扬优势、补短板、强弱项，构建系统完备、科学规范、运行有效的制度体系。

2019年11月

11月2日　习近平在上海长宁区虹桥街道古北市民中心考察时讲话指出，我们走的是一条中国特色社会主义政治发展道路，人民民主是一种全过程的民主。

11月3日　我国首颗亚米级高分辨率光学传输型立体测绘卫星高分七号成功发射。

11月8日、9日　海南自由贸易港建设总体方案专家座谈会和推进海南全面深化改革开放领导小组专题会议在海口举行。韩正主持并讲话。

11月8日—10日　中央军委基层建设会议举行。习近平讲话指出，加强新时代我军基层建设，是强军兴军的根基所在、力量所在。21日，中央军委作出《关于加强新时代军队基层建设的决定》。

11月10日—15日　习近平对希腊进行国事访问，并出席在巴西巴西利亚举行的金砖国家领导人第十一次会晤。14日，在会晤上发表《携手努力共谱合作新篇章》的讲话。

11月13日　国务院办公厅印发《关于切实加强高标准农田建设提升国家粮食安全保障能力的意见》，提出到2022年全国建成10亿亩高标准农田。2020年11月4日，印发《关于防止耕地"非粮化"稳定粮食生产的意见》。2021年粮食产量1.37万亿斤，创历史新高，连续7年稳定在1.3万亿斤以上。

11月19日　中共中央、国务院印发《关于推进贸易高质量发展的指导意见》，提出推动进口与出口、货物贸易与服务贸易、贸易与双向投资、贸易与产业协调发展。

11月20日　第四次全国经济普查公报发布。这次普查以2018年12月31日为标准时点开展。

11月27日　习近平在全军院校长集训开班式上讲话强调，要全面贯彻新时代军事教育方针，全面实施人才强军战略，全面深化军事院校改革创新，培养德才兼备的高素质、专业化新型军事人才。

2019年12月

12月3日 纪念澳门特别行政区基本法实施20周年座谈会举行。栗战书讲话。

12月10日—12日 中央经济工作会议举行。习近平总结2019年经济工作，分析经济形势，部署2020年经济工作。李克强对2020年经济工作作出具体部署并作总结讲话。会议指出，新发展理念是一个整体，提出的要求是全方位的、多层面的，绝不是只有经济指标这一项，这是我国发展进入新阶段、我国社会主要矛盾发生变化的必然要求。

12月17日 中国第一艘国产航空母舰山东舰交付海军，习近平出席交接入列仪式并登舰视察。

12月20日 习近平出席庆祝澳门回归祖国20周年大会暨澳门特别行政区第五届政府就职典礼并讲话指出，总结澳门"一国两制"成功实践，可以获得4点重要经验：始终坚定"一国两制"制度自信；始终准确把握"一国两制"正确方向；始终强化"一国两制"使命担当；始终筑牢"一国两制"社会政治基础。

12月24日 第八次中日韩领导人会议在成都举行。李克强主持并发表讲话。

12月27日 长征五号遥三运载火箭成功发射。

12月28日 十三届全国人大常委会第十五次会议通过《中华人民共和国基本医疗卫生与健康促进法》、《中华人民共和国社区矫正法》、修订后的《中华人民共和国证券法》和《中华人民共和国森林法》，通过《关于修改〈中华人民共和国台湾同胞投资保护法〉的决定》、《关于废止有关收容教育法律规定和制度的决定》。

12月30日　国务院公布《保障农民工工资支付条例》。

同日　由我国自主设计建造、全球首条时速350公里的智能高铁京张高铁开通运营。

本年　中国人均国内生产总值首次突破1万美元。

2020年1月

1月2日　中共中央、国务院印发《关于抓好"三农"领域重点工作确保如期实现全面小康的意见》，要求集中力量完成打赢脱贫攻坚战和补上全面小康"三农"领域突出短板两大重点任务。

1月6日　第七次全国人口普查领导小组全体会议举行。韩正讲话。

1月7日　习近平在主持召开中央政治局常委会会议时，对做好2019年12月27日以来湖北武汉监测发现的不明原因肺炎疫情防控工作提出要求。1月22日，以习近平同志为核心的党中央果断决策关闭离汉离鄂通道。经过艰苦卓绝的努力，我国用3个月左右的时间取得武汉保卫战、湖北保卫战的决定性成果。新冠肺炎疫情是新中国成立以来我国遭遇的传播速度最快、感染范围最广、防控难度最大的一次重大突发公共卫生事件，也是百年来全球发生的最严重的传染病大流行。习近平亲自指挥、亲自部署，坚持把人民生命安全和身体健康放在第一位，带领全党全军全国各族人民迅速打响疫情防控的人民战争、总体战、阻击战，取得了全国抗疫斗争重大战略成果。9月8日，全国抗击新冠肺炎疫情表彰大会举行。习近平讲话指出，在这场同严重疫情的殊死较量中，中国人民和中华民族以敢于斗争、敢于胜利的大无畏气概，铸就了生命至上、举国同心、舍生忘死、尊重科学、命运与共的伟大抗疫精神。习近平为"共和国勋章"获得者钟南山，"人民英雄"国家荣誉称号获得者张伯礼、张定宇、陈薇颁授勋章奖章。

1月12日　中国完全自主研制的新型万吨级驱逐舰首舰南昌舰归建入列。

1月13日　十九届中央纪委四次全会举行。习近平讲话强调,党的十八大以来,我们探索出一条长期执政条件下解决自身问题、跳出历史周期率的成功道路,构建起一套行之有效的权力监督制度和执纪执法体系,这条道路、这套制度必须长期坚持并不断巩固发展。一体推进不敢腐、不能腐、不想腐,不仅是反腐败斗争的基本方针,也是新时代全面从严治党的重要方略。赵乐际作工作报告。

1月17日—18日　习近平对缅甸进行国事访问,出席中缅建交70周年庆祝活动暨中缅文化旅游年启动仪式。

2020年2月

2月13日　中共中央办公厅、国务院办公厅印发《关于深化新时代教育督导体制机制改革的意见》。2020年,中共中央办公厅、国务院办公厅印发的文件还有《关于全面加强危险化学品安全生产工作的意见》、《关于构建现代环境治理体系的指导意见》、《关于进一步推进服务业改革开放发展的指导意见》、《深化农村宅基地制度改革试点方案》、《国企改革三年行动方案(2020—2022年)》、《关于加快推进媒体深度融合发展的意见》等。

2月23日　统筹推进新冠肺炎疫情防控和经济社会发展工作部署会议举行。习近平讲话强调,要变压力为动力、善于化危为机,有序恢复生产生活秩序,强化"六稳"举措,加大政策调节力度,把我国发展的巨大潜力和强大动能充分释放出来。4月17日,中央政治局会议提出,在加大"六稳"工作力度的同时,全面落实"六保"任务,即保居民就业、保基本民生、保市场主体、保粮食能源安全、保产业链供应链稳定、保基层运转。

2月25日 中共中央、国务院印发《关于深化医疗保障制度改革的意见》，着力解决医疗保障发展不平衡不充分的问题。

2020年3月

3月1日 国务院印发《关于授权和委托用地审批权的决定》。2020年，国务院印发的文件还有《关于促进国家高新技术产业开发区高质量发展的若干意见》、《关于实施金融控股公司准入管理的决定》、《关于进一步提高上市公司质量的意见》、《关于深入开展爱国卫生运动的意见》等。

3月6日 决战决胜脱贫攻坚座谈会举行。习近平讲话强调，要动员全党全国全社会力量，凝心聚力打赢脱贫攻坚战，确保如期完成脱贫攻坚目标任务，确保全面建成小康社会。11月23日，我国最后9个贫困县实现贫困退出。

3月9日 中共中央办公厅印发《党委（党组）落实全面从严治党主体责任规定》。

3月18日 国务院办公厅印发《关于应对新冠肺炎疫情影响强化稳就业举措的实施意见》。2020年，国务院办公厅印发的文件还有《关于进一步优化营商环境更好服务市场主体的实施意见》、《关于支持多渠道灵活就业的意见》、《新能源汽车产业发展规划（2021—2035年）》、《关于促进养老托育服务健康发展的意见》等。

3月20日 中共中央、国务院印发《关于全面加强新时代大中小学劳动教育的意见》。10月4日，中共中央办公厅、国务院办公厅印发《关于全面加强和改进新时代学校体育工作的意见》和《关于全面加强和改进新时代学校美育工作的意见》。

3月26日　习近平以视频方式出席二十国集团领导人应对新冠肺炎特别峰会并发表《携手抗疫，共克时艰》的讲话。5月18日，在第七十三届世界卫生大会视频会议开幕式上发表《团结合作战胜疫情，共同构建人类卫生健康共同体》的致辞。6月17日，以视频方式主持中非团结抗疫特别峰会并发表《团结抗疫，共克时艰》的主旨讲话。到2022年8月，中国已向153个国家和15个国际组织提供抗疫援助，有力支持了世界各国疫情防控。

3月30日　中共中央、国务院印发《关于构建更加完善的要素市场化配置体制机制的意见》，提出推进土地要素市场化配置、引导劳动力要素合理畅通有序流动、推进资本要素市场化配置等举措。

2020年4月

4月10日　习近平在中央财经委员会第七次会议上讲话提出，要构建以国内大循环为主体、国内国际双循环相互促进的新发展格局。

4月22日　中共中央办公厅、国务院办公厅印发《关于改革完善社会救助制度的意见》，提出用2年左右时间健全分层分类、城乡统筹的中国特色社会救助体系。

4月29日　十三届全国人大常委会第十七次会议通过修订后的《中华人民共和国固体废物污染环境防治法》。

2020年5月

5月5日　长征五号B运载火箭首飞成功，实现空间站阶段飞行任务首战告捷。

5月11日　中共中央、国务院印发《关于新时代加快完善社会主义市场经济体制的意见》。

5月16日　中共中央、国务院印发《关于加快推进社会治理现代化开创平安中国建设新局面的意见》，要求以坚持和发展新时代"枫桥经验"为基点，形成共建共治共享的社会治理新格局。

5月21日—27日　全国政协十三届三次会议举行。汪洋作全国政协常委会工作报告。

5月22日—28日　十三届全国人大三次会议举行。李克强作政府工作报告。栗战书作全国人大常委会工作报告。会议通过《中华人民共和国民法典》，自2021年1月1日起施行。这是新中国成立以来第一部以"法典"命名的法律，是新时代我国社会主义法治建设的重大成果。

2020年6月

6月1日　"海斗一号"全海深自主遥控潜水器在马里亚纳海沟成功完成其首次万米海试与试验性应用任务，刷新了我国潜水器最大下潜深度纪录，填补了我国万米级作业型无人潜水器的空白。

6月9日　国务院常务会议确定新增财政资金直接惠企利民的特殊转移支付机制，要求将新增财政赤字和抗疫特别国债共2万亿元资金直达市县。2021年3月5日，政府工作报告提出建立常态化财政资金直达机制并扩大范围。

6月14日　中共中央作出《关于调整预备役部队领导体制的决定》。自2020年7月1日零时起，预备役部队全面纳入军队领导指挥体系，由军地双重领导调整为党中央、中央军委集中统一领导。

6月15日　"墨子号"量子科学实验卫星在国际上首次实现千公里级基于纠缠的量子密钥分发。

6月20日　十三届全国人大常委会第十九次会议通过《中华人民

共和国公职人员政务处分法》、修订后的《中华人民共和国档案法》和《中华人民共和国人民武装警察法》。

6月22日　习近平以视频方式会见欧洲理事会主席米歇尔和欧盟委员会主席冯德莱恩。同日，李克强同米歇尔、冯德莱恩通过视频方式共同主持第二十二次中国—欧盟领导人会晤。

2020年7月

7月4日　国务院办公厅发出《关于切实做好长江流域禁捕有关工作的通知》。12月22日，长江禁捕退捕工作推进电视电话会议举行。韩正讲话。长江流域重点水域"十年禁渔"自2021年1月1日全面启动。

7月10日　国务院办公厅印发《关于全面推进城镇老旧小区改造工作的指导意见》。2019年至2021年，全国累计新开工改造城镇老旧小区11.5万个，惠及居民2000多万户。

7月13日　中共中央印发《中国共产党基层组织选举工作条例》。12月28日，印发修订后的《中国共产党地方组织选举工作条例》。

7月16日　"中国+中亚五国"通过视频方式举行首次外长会晤。

7月20日　中共中央印发《中国共产党军队党的建设条例》。12月25日，印发修订后的《军队政治工作条例》。

7月21日　习近平主持召开企业家座谈会，听取企业家代表对制定"十四五"规划的意见和建议。此后，又陆续召开扎实推进长三角一体化发展座谈会、经济社会领域专家座谈会、党外人士座谈会、科学家座谈会、基层代表座谈会、教育文化卫生体育领域专家代表座谈会。

7月23日　中国首次火星探测任务天问一号探测器成功发射，迈出了我国自主开展行星探测第一步。2021年5月15日，天问一号成功着陆火星。22日，祝融号火星车驶抵火星表面并开展科学巡测，标志着首次火星探测任务取得圆满成功。

7月27日　国务院印发《新时期促进集成电路产业和软件产业高质量发展的若干政策》。

2020年8月

8月7日　习近平对制止餐饮浪费行为作出指示强调，坚决制止餐饮浪费行为，切实培养节约习惯，在全社会营造浪费可耻、节约为荣的氛围。2021年4月29日，十三届全国人大常委会第二十八次会议通过《中华人民共和国反食品浪费法》。10月18日，中共中央办公厅、国务院办公厅印发《粮食节约行动方案》。

8月10日　中国"慧眼"卫星探测到10亿特斯拉的中子星表面磁场，刷新宇宙磁场直接测量的世界纪录。2022年7月1日，再次刷新该纪录，探测到16亿特斯拉的中子星表面磁场。

8月11日　十三届全国人大常委会第二十一次会议通过《中华人民共和国城市维护建设税法》、《中华人民共和国契税法》。

8月19日　栗战书出席第五次世界议长大会视频会议并发言。2021年9月7日，栗战书在大会实体会议上发表视频致辞。

8月21日　中共中央、国务院批复《首都功能核心区控制性详细规划（街区层面）（2018年—2035年）》。

8月26日　中国人民警察警旗授旗仪式举行。习近平向中国人民警察队伍授旗并致训词。

8月28日—29日　中央第七次西藏工作座谈会举行。习近平讲话强调，必须全面贯彻新时代党的治藏方略，铸牢中华民族共同体意识，努力建设团结富裕文明和谐美丽的社会主义现代化新西藏。

2020年9月

9月3日 中国人民抗日战争暨世界反法西斯战争胜利75周年座谈会举行。习近平强调，我们要弘扬伟大抗战精神，以压倒一切困难而不为困难所压倒的决心和勇气，敢于斗争，善于创造，锲而不舍为实现中华民族伟大复兴而奋斗，直至取得最后的胜利。

9月4日 2020年中国国际服务贸易交易会全球服务贸易峰会在北京举行。习近平通过视频方式致辞，强调中国将坚定不移扩大对外开放，建立健全跨境服务贸易负面清单管理制度，继续放宽服务业市场准入，发展服务贸易新业态新模式，支持组建全球服务贸易联盟，支持北京打造国家服务业扩大开放综合示范区，带动形成更高层次改革开放新格局。

9月8日 中国提出《全球数据安全倡议》，倡导全球数字治理应遵循秉持多边主义、兼顾安全发展、坚守公平正义三原则。

9月14日 中欧双方宣布签署《中欧地理标志协定》。

9月17日 国务院常务会议确定推进与企业发展、群众生活密切相关的高频事项"跨省通办"的措施。24日，国务院办公厅印发《关于加快推进政务服务"跨省通办"的指导意见》。2022年9月26日，国务院常务会议决定，在已实现187项政务服务"跨省通办"基础上，新增22项覆盖面广、办理频次高的事项。

9月21日—10月1日 习近平以视频方式出席联合国成立75周年系列高级别会议。9月21日，出席联合国成立75周年纪念峰会并发表讲话，强调后疫情时代联合国应主持公道、厉行法治、促进合作、聚焦行动。9月22日，在第七十五届联合国大会一般性辩论上宣布，中国二氧化碳排放力争于2030年前达到峰值，努力争取2060年前实现碳中和。

9月25日—26日 第三次中央新疆工作座谈会举行。习近平讲话指出，要完整准确贯彻新时代党的治疆方略，坚持依法治疆、团结稳疆、文化润疆、富民兴疆、长期建疆，努力建设新时代中国特色社会主义新疆。

9月28日 中共中央、国务院印发《深化新时代教育评价改革总体方案》，对克服唯分数、唯升学、唯文凭、唯论文、唯帽子的顽瘴痼疾作出全面部署。

同日 我国三代核电自主化标志性成果"国和一号"正式发布。

9月30日 中共中央印发《中国共产党中央委员会工作条例》，把"坚持党对一切工作的领导，确保党中央集中统一领导"作为中央委员会开展工作必须把握的第一条原则。这是坚持和完善党的领导制度体系的关键之举，是强化"两个维护"制度保障的标志性成果。

2020年10月

10月5日 中共中央、国务院印发《黄河流域生态保护和高质量发展规划纲要》。12月9日，推动黄河流域生态保护和高质量发展领导小组全体会议举行。韩正主持并讲话。

10月12日 部分地方政府主要负责人视频座谈会举行。李克强主持并讲话。

10月17日 十三届全国人大常委会第二十二次会议通过《中华人民共和国生物安全法》、《中华人民共和国出口管制法》、修订后的《中华人民共和国未成年人保护法》，通过《关于修改〈中华人民共和国全国人民代表大会和地方各级人民代表大会选举法〉的决定》。

10月23日 习近平在纪念中国人民志愿军抗美援朝出国作战70周年大会上讲话指出，在波澜壮阔的抗美援朝战争中，英雄的中国人民志愿军锻造了伟大抗美援朝精神。我们要铭记抗美援朝战争的艰辛历程和伟大胜利,敢于斗争、善于斗争,知难而进、坚韧向前,把新时代中国特色社会主义伟大事业不断推向前进。

10月26日—29日 中共十九届五中全会举行。习近平代表中央政治局向全会报告工作,就《中共中央关于制定国民经济和社会发展第十四个五年规划和二〇三五年远景目标的建议(讨论稿)》作说明,并发表讲话。全会审议通过《中共中央关于制定国民经济和社会发展第十四个五年规划和二〇三五年远景目标的建议》。全会提出,"十四五"时期是我国全面建成小康社会、实现第一个百年奋斗目标之后,乘势而上开启全面建设社会主义现代化国家新征程、向第二个百年奋斗目标进军的第一个五年。要坚定不移贯彻创新、协调、绿色、开放、共享的新发展理念,以推动高质量发展为主题,加快构建以国内大循环为主体、国内国际双循环相互促进的新发展格局。习近平在全会第二次全体会议上讲话指出,进入新发展阶段,是中华民族伟大复兴历史进程的大跨越。

2020年11月

11月7日 《中国人民解放军联合作战纲要(试行)》施行,这是新时代作战条令体系的顶层法规。

11月10日 习近平以视频方式出席上海合作组织成员国元首理事会第二十次会议并发表《弘扬"上海精神",深化团结协作,构建更加紧密的命运共同体》的讲话。

11月11日 十三届全国人大常委会第二十三次会议通过《中华人民共和国退役军人保障法》。

同日 十三届全国人大常委会第二十三次会议通过《关于香港特别行政区立法会议员资格问题的决定》,进一步明确"爱国爱港者治港,反中乱港者出局"的政治规矩。根据全国人大常委会决定,香港特别行政区政府随后依法宣布相关人员丧失立法会议员资格。

11月12日　习近平在浦东开发开放30周年庆祝大会上讲话强调,浦东要努力成为更高水平改革开放的开路先锋、全面建设社会主义现代化国家的排头兵、彰显"四个自信"的实践范例,更好向世界展示中国理念、中国精神、中国道路。2021年4月23日,中共中央、国务院印发《关于支持浦东新区高水平改革开放打造社会主义现代化建设引领区的意见》。

11月12日—15日　李克强出席以视频形式举行的第二十三次中国—东盟(10+1)领导人会议、第二十三次东盟与中日韩(10+3)领导人会议、第十五届东亚峰会、第四次区域全面经济伙伴关系协定领导人会议和东盟商务与投资峰会。

11月14日　习近平在南京主持召开全面推动长江经济带发展座谈会,强调要打造区域协调发展新样板,构筑高水平对外开放新高地,塑造创新驱动发展新优势,绘就山水人城和谐相融新画卷,使长江经济带成为我国生态优先绿色发展主战场、畅通国内国际双循环主动脉、引领经济高质量发展主力军。韩正讲话。

11月15日　中国与东盟十国及日本、韩国、澳大利亚、新西兰共同签署《区域全面经济伙伴关系协定》。

11月16日—17日　中央全面依法治国工作会议举行。习近平讲话强调,坚定不移走中国特色社会主义法治道路,为全面建设社会主义现代化国家、实现中华民族伟大复兴的中国梦提供有力法治保障。会议总结并阐述了习近平法治思想。12月1日,中共中央印发《法治中国建设规划(2020—2025年)》和《法治社会建设实施纲要(2020—2025年)》。2021年8月2日,中共中央、国务院印发《法治政府建设实施纲要(2021—2025年)》。

11月17日　习近平以视频方式出席金砖国家领导人第十二次会晤并发表《守望相助共克疫情，携手同心推进合作》的讲话。

11月18日　中共中央、国务院印发《成渝地区双城经济圈建设规划纲要》。

11月20日　全国精神文明建设表彰大会举行。习近平会见参加大会的新一届全国文明城市、文明村镇、文明单位、文明家庭、文明校园以及未成年人思想道德建设工作先进代表。王沪宁讲话。

同日　习近平以视频方式出席亚太经合组织第二十七次领导人非正式会议并发表《携手构建亚太命运共同体》的讲话。

11月21日—22日　习近平以视频方式出席二十国集团领导人第十五次峰会并发表《勠力战疫，共创未来》的讲话。

11月24日　全国劳动模范和先进工作者表彰大会举行。习近平讲话强调，要大力弘扬劳模精神、劳动精神、工匠精神。同日，中共中央、国务院作出《关于表彰全国劳动模范和先进工作者的决定》。

同日　嫦娥五号探测器成功发射，并于12月17日携带月球样品安全返回着陆。中国探月工程"绕、落、回"三步走规划如期完成。

11月25日　中央军委军事训练会议举行。习近平强调，要坚持聚焦备战打仗，坚持实战实训、联战联训、科技强训、依法治训，发扬优良传统，强化改革创新，加快构建新型军事训练体系，全面提高训练水平和打赢能力。

11月27日—30日　第十七届中国—东盟博览会和中国—东盟商务与投资峰会在南宁举行。习近平在开幕式上发表视频致辞，指出中方视东盟为周边外交优先方向和高质量共建"一带一路"重点地区，愿同东盟推进各领域合作，维护本地区繁荣发展良好势头，建设更为紧密的中国—东盟命运共同体。

11月28日　"奋斗者"号全海深载人潜水器成功完成万米海试并胜利返航。

2020年12月

12月3日—4日　全军思想政治教育工作会议举行。习近平接见全体会议代表。2021年4月3日，中央军委印发《关于构建新时代人民军队思想政治教育体系的意见》。

12月4日　中国成功构建76个光子的量子计算原型机"九章"，确立我国在国际量子计算研究领域的领先地位。

同日　我国新一代"人造太阳"——可控核聚变研究装置"中国环流器二号M"正式建成放电。

12月8日　中国和尼泊尔共同宣布，珠穆朗玛峰的最新高程为8848.86米。

12月10日　"怀柔一号"引力波暴高能电磁对应体全天监测器卫星成功发射。

12月11日　习近平主持中共十九届中央政治局第二十六次集体学习时讲话，就贯彻总体国家安全观提出坚持党对国家安全工作的绝对领导、坚持中国特色国家安全道路、坚持以人民安全为宗旨等10点要求。2022年4月，《总体国家安全观学习纲要》出版发行。

12月12日　习近平在气候雄心峰会上通过视频发表《继往开来，开启全球应对气候变化新征程》的讲话。

12月16日　中共中央、国务院印发《关于实现巩固拓展脱贫攻坚成果同乡村振兴有效衔接的意见》，部署做好脱贫攻坚与乡村振兴领导体制、工作体系、发展规划、政策举措、考核机制等有效衔接。

12月16日—18日　中央经济工作会议举行。习近平总结2020年经济工作，分析经济形势，部署2021年经济工作。李克强对2021年经济工作作出具体部署并作总结讲话。会议指出，在统筹国内国际两个大局、统筹疫情防控和经济社会发展的实践中，我们深化了对在严峻挑战下做好经济工作的规律性认识。党中央权威是危难时刻全党全国各族人民迎难而上的根本依靠，人民至上是作出正确抉择的根本前提，制度优势是形成共克时艰磅礴力量的根本保障，科学决策和创造性应对是化危为机的根本方法，科技自立自强是促进发展大局的根本支撑。形成强大国内市场是构建新发展格局的重要支撑，也是大国经济优势所在。

12月24日、25日 习近平在中央政治局民主生活会上讲话强调，必须增强政治意识，善于从政治上看问题，善于把握政治大局，不断提高政治判断力、政治领悟力、政治执行力。

12月25日 中共中央印发修订后的《中国共产党党员权利保障条例》，进一步促进党员权利保障工作的制度化、规范化。

12月26日 十三届全国人大常委会第二十四次会议通过《中华人民共和国长江保护法》、《中华人民共和国刑法修正案（十一）》、修订后的《中华人民共和国预防未成年人犯罪法》和《中华人民共和国国防法》。

12月28日 中共中央办公厅、国务院办公厅印发《关于全面推行林长制的意见》。2022年6月，林长制全面建立。

12月28日—29日 中央农村工作会议举行。习近平讲话强调，脱贫攻坚取得胜利后，要全面推进乡村振兴，这是"三农"工作重心的历史性转移。坚持把解决好"三农"问题作为全党工作重中之重，举全党全社会之力推动乡村振兴。2021年1月4日，中共中央、国务院印发《关于全面推进乡村振兴加快农业农村现代化的意见》。

12月30日 习近平在中央全面深化改革委员会第十七次会议上讲

话指出，全面深化改革取得历史性伟大成就，要坚定改革信心，汇聚改革合力，推动新发展阶段改革取得更大突破。十八届三中全会召开7年多来，各方面共推出2485个改革方案，全会提出的改革目标任务总体如期完成。

本年　国内生产总值超过100万亿元。我国成为全球唯一实现经济正增长的主要经济体。

2021年1月

1月11日—14日　省部级主要领导干部学习贯彻党的十九届五中全会精神专题研讨班举行。习近平强调，进入新发展阶段明确了我国发展的历史方位，贯彻新发展理念明确了我国现代化建设的指导原则，构建新发展格局明确了我国经济现代化的路径选择。要准确把握新发展阶段，深入贯彻新发展理念，加快构建新发展格局，推动"十四五"时期高质量发展，确保全面建设社会主义现代化国家开好局、起好步。

1月15日　国务院公布《医疗保障基金使用监督管理条例》，医保基金监管步入法治化轨道。到2021年底，基本医疗保险参保人数达13.6亿，参保覆盖面稳定在95%以上。

1月21日　中共中央办公厅、国务院办公厅印发《建设高标准市场体系行动方案》。2021年，中共中央办公厅、国务院办公厅印发的文件还有《关于进一步深化税收征管改革的意见》、《关于在城乡建设中加强历史文化保护传承的意见》、《关于深化生态保护补偿制度改革的意见》、《关于进一步加强生物多样性保护的意见》、《关于加强打击治理电信网络诈骗违法犯罪工作的意见》等。

1月22日　十三届全国人大常委会第二十五次会议通过《中华人民共和国海警法》、修订后的《中华人民共和国动物防疫法》和《中华人民共和国行政处罚法》。

同日　国务院办公厅印发《关于推动药品集中带量采购工作常态化制度化开展的意见》。药品集中带量采购工作从2018年在北京、上海等11个城市试点并逐步扩展到全国，到2022年2月，节约费用超2600亿元，进一步减轻了群众用药负担。

1月22日—24日　十九届中央纪委五次全会举行。习近平强调，反腐败斗争取得压倒性胜利并全面巩固，但腐败这个党执政的最大风险仍然存在，存量还未清底，增量仍有发生。要健全贯彻党中央重大决策部署督查问责机制，加强对贯彻新发展理念、构建新发展格局、推动高质量发展等决策部署落实情况的监督检查。赵乐际作工作报告。

1月24日　国务院印发《关于新时代支持革命老区振兴发展的意见》。2021年，国务院印发的文件还有《关于加快建立健全绿色低碳循环发展经济体系的指导意见》、《关于进一步深化预算管理制度改革的意见》、《全民健身计划（2021—2025年）》、《关于推进自由贸易试验区贸易投资便利化改革创新的若干措施》、《中国妇女发展纲要（2021—2030年）》、《中国儿童发展纲要（2021—2030年）》等。

1月25日　习近平以视频方式出席世界经济论坛"达沃斯议程"对话会并发表《让多边主义的火炬照亮人类前行之路》的特别致辞，提出我们要解决好这个时代面临的四大课题，解决问题的出路是维护和践行多边主义，推动构建人类命运共同体。

1月30日　全球第一台"华龙一号"核电机组——福清核电5号机组投入商业运行。2022年3月25日，"华龙一号"示范工程第二台机组——福清核电6号机组正式具备商运条件。至此，我国自主三代核电"华龙一号"示范工程全面建成投运。

1月31日　中共中央印发《关于全面加强新时代少先队工作的意见》。

2021年2月

2月9日 中国—中东欧国家领导人峰会以视频方式举行。习近平主持并发表《凝心聚力,继往开来,携手共谱合作新篇章》的主旨讲话。

2月20日 党史学习教育动员大会举行。习近平讲话指出,在全党开展党史学习教育,是党中央立足党的百年历史新起点、统筹中华民族伟大复兴战略全局和世界百年未有之大变局、为动员全党全国满怀信心投身全面建设社会主义现代化国家而作出的重大决策。全党同志要做到学史明理、学史增信、学史崇德、学史力行,学党史、悟思想、办实事、开新局。讲话阐明党史学习教育的重点和工作要求,对党史学习教育进行全面动员和部署,要求树立正确党史观。此前,15日,中共中央发出《关于在全党开展党史学习教育的通知》。这次会议后,习近平《论中国共产党历史》、《毛泽东邓小平江泽民胡锦涛关于中国共产党历史论述摘编》、《习近平新时代中国特色社会主义思想学习问答》、《中国共产党简史》等党史学习教育用书出版。2022年3月10日,中共中央办公厅印发《关于推动党史学习教育常态化长效化的意见》。

2月22日 中共中央印发《关于开展全国政法队伍教育整顿的意见》。

2月25日 全国脱贫攻坚总结表彰大会举行。习近平宣告,我国脱贫攻坚战取得了全面胜利,现行标准下9899万农村贫困人口全部脱贫,832个贫困县全部摘帽,12.8万个贫困村全部出列,区域性整体贫困得到解决,完成了消除绝对贫困的艰巨任务。习近平讲话指出,脱贫攻坚伟大斗争,锻造形成了上下同心、尽锐出战、精准务实、开拓创新、攻坚克难、不负人民的脱贫攻坚精神。我们走出了一条中国特色减贫道路,形成了中国特色反贫困理论。脱贫摘帽不是终点,而是新生活、新奋斗的起点。解决发展不平衡不充分问题、缩小城乡区域发展差距、实现人的全面发展和全体人民共同富裕仍然任重道远。要切实做好巩固拓展脱贫攻坚成果同乡村振兴有效衔接各项工作，让脱贫基础更加稳固、成效更可持续。我国提前10年实现《联合国2030年可持续发展议程》减贫目标，创造了减贫治理的中国样本，为全球减贫事业作出了重大贡献。同日，中共中央、国务院作出《关于授予全国脱贫攻坚楷模荣誉称号的决定》、《关于表彰全国脱贫攻坚先进个人和先进集体的决定》。

2021年3月

3月4日—10日　全国政协十三届四次会议举行。汪洋作全国政协常委会工作报告。

3月5日—11日　十三届全国人大四次会议举行。李克强作政府工作报告。栗战书作全国人大常委会工作报告。会议批准《中华人民共和国国民经济和社会发展第十四个五年规划和二〇三五年远景目标纲要》，通过《关于修改全国人大组织法的决定》、《关于修改全国人大议事规则的决定》、《关于完善香港特别行政区选举制度的决定》。

3月9日　习近平出席十三届全国人大四次会议解放军和武警部队代表团全体会议并讲话，指出基本实现国防和军队建设2020年目标任务，强调要聚焦实现建军一百年奋斗目标，紧紧围绕我军建设"十四五"规划布局谋划和推进工作。

3月12日　国务院办公厅印发《关于加强草原保护修复的若干意见》。2021年，国务院办公厅印发的文件还有《关于服务"六稳""六保"进一步做好"放管服"改革有关工作的意见》、《中国反对拐卖人口行动计划（2021—2030年）》、《关于建立健全职工基本医疗保险门诊共济保障机制的指导意见》、《关于推动公立医院高质量发展的意见》、《关于鼓励和支持社会资本参与生态保护修复的意见》、《关于健全重特大疾病医疗保险和救助制度的意见》等。

3月15日　习近平在中央财经委员会第九次会议上讲话指出,我国平台经济发展正处在关键时期,要营造创新环境,解决突出矛盾和问题,推动平台经济规范健康持续发展;实现碳达峰、碳中和是一场广泛而深刻的经济社会系统性变革,要把碳达峰、碳中和纳入生态文明建设整体布局,拿出抓铁有痕的劲头,如期实现2030年前碳达峰、2060年前碳中和的目标。

3月24日　国务院常务会议决定将制造业企业研发费用加计扣除比例由75%提高至100%,激励企业创新促进产业升级。

3月27日　中共中央印发《关于加强对"一把手"和领导班子监督的意见》,围绕加强对"一把手"的监督、同级领导班子监督、对下级领导班子的监督,明确职责任务,健全制度机制。

3月30日　十三届全国人大常委会第二十七次会议通过修订后的《中华人民共和国香港特别行政区基本法附件一香港特别行政区行政长官的产生办法》和《中华人民共和国香港特别行政区基本法附件二香港特别行政区立法会的产生办法和表决程序》。

2021年4月

4月8日　党中央审议通过北京非首都功能疏解相关方案和政策。28日,首家注册落户雄安新区的中央企业中国卫星网络集团有限公司在雄安新区揭牌,部分在京高校、医院、央企总部等疏解到雄安新区开始有序落地实施。

4月18日—21日　博鳌亚洲论坛2021年年会在海南博鳌举行。习近平以视频方式在开幕式上发表《同舟共济克时艰,命运与共创未来》的主旨演讲。

4月22日　习近平以视频方式出席领导人气候峰会并发表《共同构建人与自然生命共同体》的讲话，首次全面系统阐释构建人与自然生命共同体理念，强调要坚持人与自然和谐共生，坚持绿色发展，坚持系统治理，坚持以人为本，坚持多边主义，坚持共同但有区别的责任原则。

4月23日　海军三型主战舰艇——长征18号艇、大连舰、海南舰集中交接入列。习近平出席活动并视察。

同日　中共中央、国务院印发《横琴粤澳深度合作区建设总体方案》，并于9月5日向社会公布。9月17日，横琴粤澳深度合作区管理机构揭牌仪式在广东珠海举行。韩正讲话。

同日　中共中央、国务院印发《关于新时代推动中部地区高质量发展的意见》，提出充分发挥中部地区承东启西、连南接北的区位优势和资源要素丰富、市场潜力巨大、文化底蕴深厚等比较优势，推动中部地区加快崛起。

4月27日　中共中央、国务院印发《关于新时代加强和改进思想政治工作的意见》，提出要推动新时代思想政治工作守正创新发展，构建共同推进思想政治工作的大格局。

同日　中共中央办公厅发出《关于在全社会开展党史、新中国史、改革开放史、社会主义发展史宣传教育的通知》。

4月28日　中共中央、国务院印发《关于加强基层治理体系和治理能力现代化建设的意见》，明确完善党全面领导基层治理制度、加强基层政权治理能力建设、健全基层群众自治制度等重点任务。

4月29日　十三届全国人大常委会第二十八次会议通过《中华人民共和国乡村振兴促进法》、修订后的《中华人民共和国海上交通安全法》。

同日　中国空间站天和核心舱发射成功，标志着我国空间站建造进入全面实施阶段。6月17日，搭载着聂海胜、刘伯明、汤洪波3名航天员的神舟十二号载人飞船成功发射并与天和核心舱完成自主快速交会对接。3名航天员先后进入天和核心舱，中国人首次进入自己的空间站。航天员在轨驻留3个月，开展了一系列空间科学实验和技术试验，在轨验证了一系列空间站建造和运营关键技术，于9月17日顺利返回。

2021年5月

5月6日 62比特可编程超导量子计算原型机"祖冲之号"成功问世。

5月11日 国家统计局公布第七次全国人口普查主要数据，截至2020年11月1日零时，全国人口共141178万人。

5月13日 习近平在河南南阳实地了解南水北调中线工程建设管理运行和库区移民安置等情况时指出，人民就是江山，共产党打江山、守江山，守的是人民的心，为的是让人民过上好日子。我们党的百年奋斗史就是为人民谋幸福的历史。14日，习近平主持召开推进南水北调后续工程高质量发展座谈会。

5月20日 中共中央、国务院印发《关于支持浙江高质量发展建设共同富裕示范区的意见》，提出到2035年浙江省基本实现共同富裕，明确夯实共同富裕的物质基础、多渠道增加城乡居民收入、实现公共服务优质共享等举措。

5月21日 习近平以视频方式出席全球健康峰会并发表《携手共建人类卫生健康共同体》的讲话，就提高应对重大突发公共卫生事件能力和水平提出5点意见。

5月26日 碳达峰碳中和工作领导小组第一次全体会议举行。韩正主持并讲话。

5月28日—6月1日　中国科学院第二十次院士大会、中国工程院第十五次院士大会、中国科协第十次全国代表大会举行。习近平指出，要加快建设科技强国，实现高水平科技自立自强。

2021年6月

6月10日　十三届全国人大常委会第二十九次会议通过《中华人民共和国数据安全法》、《中华人民共和国海南自由贸易港法》、《中华人民共和国军人地位和权益保障法》、《中华人民共和国印花税法》、《中华人民共和国反外国制裁法》和修订后的《中华人民共和国军事设施保护法》。

6月18日　中国共产党历史展览馆开馆。习近平参观"'不忘初心、牢记使命'中国共产党历史展览"，并带领党员领导同志重温入党誓词。强调，回望过往的奋斗路，眺望前方的奋进路，必须把党的历史学习好、总结好，把党的宝贵经验传承好、发扬好，铭记奋斗历程，担当历史使命，从党的奋斗历史中汲取前进力量。

6月24日　国务院办公厅印发《关于加快发展保障性租赁住房的意见》，明确保障性租赁住房主要解决符合条件的新市民、青年人等群体的住房困难问题。

6月25日　西藏首条电气化铁路——川藏铁路拉萨至林芝段开通运营，"复兴号"列车实现对31个省（自治区、直辖市）的全覆盖。

6月26日　中共中央印发《中国共产党党徽党旗条例》。

同日　中共中央、国务院作出《关于优化生育政策促进人口长期均衡发展的决定》，提出实施一对夫妻可以生育三个子女政策，并取消社会抚养费等制约措施、清理和废止相关处罚规定，配套实施积极生育支持措施。

6月28日　习近平同俄罗斯总统普京举行视频会晤,两国元首宣布《中俄睦邻友好合作条约》延期。

同日　全国"两优一先"表彰大会举行。王沪宁讲话。中共中央作出《关于表彰全国优秀共产党员、全国优秀党务工作者和全国先进基层党组织的决定》。

同日　金沙江白鹤滩水电站首批机组投产发电。这是当时世界在建规模最大、技术难度最高的水电工程。

6月29日　庆祝中国共产党成立100周年"七一勋章"颁授仪式举行。习近平向"七一勋章"获得者颁授勋章并讲话。同日,中共中央作出《关于授予"七一勋章"的决定》。

2021年7月

7月1日　庆祝中国共产党成立100周年大会举行。习近平讲话回顾中国共产党百年奋斗的光辉历程,高度评价100年来中国共产党团结带领中国人民创造的伟大成就,概括伟大建党精神的深刻内涵。习近平宣告,经过全党全国各族人民持续奋斗,我们实现了第一个百年奋斗目标,在中华大地上全面建成了小康社会,历史性地解决了绝对贫困问题,正在意气风发向着全面建成社会主义现代化强国的第二个百年奋斗目标迈进。指出,要从中国共产党的百年奋斗中看清楚过去我们为什么能够成功、弄明白未来我们怎样才能继续成功,从而在新的征程上更加坚定、更加自觉地牢记初心使命、开创美好未来。回首过去,展望未来,有中国共产党的坚强领导,有全国各族人民的紧密团结,全面建成社会主义现代化强国的目标一定能够实现,中华民族伟大复兴的中国梦一定能够实现。

7月6日　中国共产党与世界政党领导人峰会举行。习近平以视频连线方式出席并发表《加强政党合作，共谋人民幸福》的主旨讲话，强调中国共产党愿同各国政党一起努力，始终不渝做世界和平的建设者、全球发展的贡献者、国际秩序的维护者。

7月16日　习近平以视频方式出席亚太经合组织领导人非正式会议并发表《团结合作抗疫，引领经济复苏》的讲话。

同日　全国碳排放权交易市场上线交易启动仪式举行。韩正宣布正式启动。

7月17日—23日　河南省遭遇历史罕见特大暴雨，发生严重洪涝灾害，郑州市遭受重大人员伤亡和财产损失。习近平作出指示，要求始终把保障人民群众生命财产安全放在第一位，抓细抓实各项防汛救灾措施。李克强作出批示并深入河南灾区考察。国务院成立调查组，对河南郑州"7·20"特大暴雨灾害开展调查。2022年1月，国务院调查组公布调查报告。

7月21日—23日　习近平到西藏祝贺西藏和平解放70周年并进行考察调研，强调要全面贯彻新时代党的治藏方略，奋力谱写雪域高原长治久安和高质量发展新篇章。作为中共中央总书记、国家主席、中央军委主席到西藏庆祝西藏和平解放，这在党和国家历史上是第一次。

7月23日　中共中央、国务院印发《知识产权强国建设纲要（2021—2035年）》，旨在全面提升知识产权创造、运用、保护、管理和服务水平等。

7月23日—8月8日、8月24日—9月5日　中国体育代表团在日本东京举行的第三十二届奥运会上获得38枚金牌、32枚银牌、19枚铜牌，居金牌榜和奖牌榜第二位；在第十六届残奥会上获得96枚金牌、60枚银牌、51枚铜牌，连续5届居金牌榜和奖牌榜第一位。

7月25日　"泉州：宋元中国的世界海洋商贸中心"列入《世界

遗产名录》。至此，中国有 56 个项目列入世界遗产名录。

7月27日　国务院公布《中华人民共和国市场主体登记管理条例》。党的十八大以来通过推进商事制度等改革，市场主体不断培育壮大，登记在册的市场主体总数由 2012 年的 5494.8 万户增加到 2022 年 6 月份的 1.61 亿户，增长 1.92 倍。

2021 年 8 月

8月2日　中共中央、国务院印发《国家标准化发展纲要》，提出到 2025 年实现农业、工业、服务业和社会事业等领域标准全覆盖等目标。

8月17日　习近平在中央财经委员会第十次会议上强调，共同富裕是社会主义的本质要求，是中国式现代化的重要特征，要坚持以人民为中心的发展思想，在高质量发展中促进共同富裕。

8月19日　庆祝西藏和平解放 70 周年大会在拉萨举行。中共中央、全国人大常委会、国务院、全国政协、中央军委致电祝贺。汪洋讲话。

8月20日　十三届全国人大常委会第三十次会议通过《中华人民共和国个人信息保护法》、《中华人民共和国监察官法》、《中华人民共和国法律援助法》、《中华人民共和国医师法》和修订后的《中华人民共和国兵役法》。

8月27日—28日　中央民族工作会议举行。习近平强调，要以铸牢中华民族共同体意识为主线，推动新时代党的民族工作高质量发展。会议总结概括了党关于加强和改进民族工作的重要思想。汪洋作总结讲话。

2021 年 9 月

9月3日　李克强以视频方式出席第七届世界自然保护大会开幕式并讲话。

9月9日　习近平以视频方式出席金砖国家领导人第十三次会晤并发表《携手金砖合作，应对共同挑战》的讲话。

同日　国务院新闻办发布《国家人权行动计划（2021—2025年）》。我国是世界上唯一持续制定和实施四期国家人权行动计划的主要大国。

9月17日　习近平以视频方式出席上海合作组织成员国元首理事会第二十一次会议并发表《不忘初心，砥砺前行，开启上海合作组织发展新征程》的讲话。同日，以视频方式出席上海合作组织和集体安全条约组织成员国领导人阿富汗问题联合峰会并讲话。

9月21日　习近平以视频方式出席第七十六届联合国大会一般性辩论并发表《坚定信心，共克时艰，共建更加美好的世界》的讲话，提出全球发展倡议。

9月22日　中共中央、国务院印发《关于完整准确全面贯彻新发展理念做好碳达峰碳中和工作的意见》。10月24日，国务院印发《2030年前碳达峰行动方案》。

同日　国务院办公厅印发《关于进一步支持大学生创新创业的指导意见》。2022年5月5日，发出《关于进一步做好高校毕业生等青年就业创业工作的通知》。

9月27日—28日　中央人才工作会议举行。习近平强调，要深入实施新时代人才强国战略，加快建设世界重要人才中心和创新高地。王沪宁作总结讲话。

2021年10月

10月1日　中共中央、国务院印发《关于加快构建新发展格局的意见》，提出加快实现科技自立自强、促进国民经济循环畅通等政策措施。

10月9日　纪念辛亥革命110周年大会举行。习近平指出，中国共产党人是孙中山先生革命事业最坚定的支持者、最忠诚的合作者、最忠实的继承者,我们要以史为鉴、开创未来,在全面建设社会主义现代化国家新征程上继续担当历史使命,掌握历史主动,不断把中华民族伟大复兴的历史伟业推向前进。

10月12日 《生物多样性公约》第十五次缔约方大会领导人峰会在昆明举行。习近平以视频方式出席并发表《共同构建地球生命共同体》的主旨讲话,宣布成立昆明生物多样性基金等举措。

10月13日—14日 中央人大工作会议举行。习近平强调,要坚持和完善人民代表大会制度,不断发展全过程人民民主。栗战书作总结讲话。11月1日,中共中央印发《关于新时代坚持和完善人民代表大会制度加强和改进人大工作的意见》。

10月14日 我国首颗太阳探测科学技术试验卫星"羲和号"成功发射。

10月14日—16日 第二届联合国全球可持续交通大会在北京举行。习近平以视频方式出席开幕式并发表《与世界相交,与时代相通,在可持续发展道路上阔步前行》的主旨讲话。

10月16日—2022年4月16日 搭载着翟志刚、王亚平和叶光富3名航天员的神舟十三号载人飞船成功发射并顺利返回着陆,进行了为期6个月的驻留,创造了中国航天员连续在轨飞行时长新纪录。在轨飞行期间,航天员开展了多项科学技术实(试)验和活动。空间站关键技术验证阶段任务圆满完成,即将进入建造阶段。

10月22日 习近平在济南主持召开深入推动黄河流域生态保护和高质量发展座谈会,强调沿黄河省区要落实好黄河流域生态保护和高质量发展战略部署,坚定不移走生态优先、绿色发展的现代化道路。

10月23日 十三届全国人大常委会第三十一次会议通过《中华人

民共和国家庭教育促进法》、《中华人民共和国陆地国界法》。

10月25日　中华人民共和国恢复联合国合法席位50周年纪念会议举行。习近平讲话强调，中国将坚持走和平发展之路、改革开放之路、多边主义之路，呼吁各国弘扬全人类共同价值，践行真正的多边主义，携手构建人类命运共同体。

10月30日—31日　习近平以视频方式出席二十国集团领导人第十六次峰会并发表《团结行动，共创未来》的讲话，提出全球疫苗合作行动倡议。

2021年11月

11月1日　习近平向《联合国气候变化框架公约》第二十六次缔约方大会世界领导人峰会发表书面致辞，提出维护多边共识、聚焦务实行动、加速绿色转型等建议。

11月2日　中共中央、国务院印发《关于深入打好污染防治攻坚战的意见》，对打好重污染天气消除攻坚战、城市黑臭水体治理攻坚战、农业农村污染治理攻坚战等8个标志性战役提出量化攻坚目标。

11月5日　第八届全国道德模范座谈会举行。习近平会见全国道德模范及提名奖获得者。王沪宁讲话。

11月8日—11日　中共十九届六中全会举行。习近平代表中央政治局向全会报告工作，就《中共中央关于党的百年奋斗重大成就和历史经验的决议（讨论稿）》作说明，并发表讲话。全会审议通过《中共中央关于党的百年奋斗重大成就和历史经验的决议》，全面总结党的百年奋斗重大成就和历史经验，重点总结新时代党和国家事业取得的历史性成就、发生的历史性变革和积累的新鲜经验。全会强调，习近平新时代中国特色社会主义思想是当代中国马克思主义、二十一世纪马克思主义，是中华文化和中国精神的时代精华,实现了马克思主义中国化新的飞跃。党确立习近平同志党中央的核心、全党的核心地位,确立习近平新时代中国特色社会主义思想的指导地位,反映了全党全军全国各族人民共同心愿,对新时代党和国家事业发展、对推进中华民族伟大复兴历史进程具有决定性意义。全会决定党的二十大于2022年下半年在北京召开。

11月12日　习近平以视频方式出席亚太经合组织第二十八次领导人非正式会议并发表《共同开创亚太经济合作新篇章》的讲话。

11月15日　北京证券交易所开市。

11月16日　习近平同美国总统拜登举行首次视频会晤,双方就中美关系发展的战略性、全局性、根本性问题以及共同关心的问题进行了沟通和交流。

11月18日　中共中央政治局会议审议《国家安全战略(2021—2025年)》。

同日　中共中央、国务院印发《关于加强新时代老龄工作的意见》,旨在实施积极应对人口老龄化国家战略。

11月22日　中国—东盟建立对话关系30周年纪念峰会举行。习近平以视频方式主持并发表《命运与共,共建家园》的讲话。中国东盟正式宣布建立中国东盟全面战略伙伴关系。

11月26日—28日　中央军委人才工作会议举行。习近平强调,要聚焦实现建军一百年奋斗目标,深入实施新时代人才强军战略。2022年1月22日,中央军委作出《关于加强新时代军队人才工作的决定》。

11月29日　习近平以视频方式出席中非合作论坛第八届部长级会议开幕式并发表《同舟共济,继往开来,携手构建新时代中非命运共同体》的主旨演讲,总结提炼"中非友好合作精神",宣布中国将同非洲国家共同实施"九项工程"。

2021年12月

12月3日　习近平向中国—拉共体论坛第三届部长会议发表视频致辞，为推进新时代中拉关系发展指明方向。

同日　中老铁路通车。该铁路北起中国云南昆明，南至老挝首都万象，是第一条采用中国标准、中老合作建设运营，并与中国铁路网直接连通的境外铁路。

12月3日—4日　全国宗教工作会议举行。习近平强调，要坚持我国宗教中国化方向，积极引导宗教与社会主义社会相适应。

12月8日—10日　中央经济工作会议举行。习近平总结2021年经济工作，分析经济形势，部署2022年经济工作。李克强具体部署2022年经济工作并作总结讲话。会议强调，要正确认识和把握实现共同富裕的战略目标和实践途径、正确认识和把握资本的特性和行为规律、正确认识和把握初级产品供给保障、正确认识和把握防范化解重大风险、正确认识和把握碳达峰碳中和等重大理论和实践问题，以优异成绩迎接党的二十大胜利召开。

12月9日　中共中央、国务院、中央军委印发《军队功勋荣誉表彰条例》，按照勋章、荣誉称号、奖励、表彰、纪念章等，区分战时平时、行业领域、人员类别，对军队功勋荣誉表彰体系进行全面重塑。

12月14日—17日　中国文学艺术界联合会第十一次全国代表大会、中国作家协会第十次全国代表大会举行。习近平强调，要增强文化自觉、坚定文化自信，展示中国文艺新气象，铸就中华文化新辉煌。

12月20日　全国党内法规工作会议举行。习近平作出批示。王沪宁讲话。

同日　全球首座第四代核电机组——华能石岛湾核电站示范工程1号反应堆成功并网发电。

12月24日　中共中央印发《中国共产党纪律检查委员会工作条例》，对党的纪律检查委员会的领导体制、产生和运行、主要任务、工作职责、派驻派出机构、队伍建设和监督等作出全面规范。

同日　十三届全国人大常委会第三十二次会议通过《中华人民共和国反有组织犯罪法》、《中华人民共和国湿地保护法》、《中华人民共和国噪声污染防治法》和修订后的《中华人民共和国科学技术进步法》。

12月27日　《外商投资准入特别管理措施(负面清单)(2021年版)》发布。我国已连续5年修订该清单，为外商投资提供了更加广阔的发展空间。

本年　全国财政收入突破20万亿元，比2012年增长72.8%。全国居民人均可支配收入35128元，比2012年实际增长78.0%。

2022年1月

1月4日　中共中央、国务院印发《关于做好2022年全面推进乡村振兴重点工作的意见》，聚焦牢牢守住保障国家粮食安全和不发生规模性返贫两条底线，扎实有序做好乡村发展、乡村建设、乡村治理重点工作，对2022年全面推进乡村振兴作出部署。

1月5日　减税降费座谈会举行。李克强主持并讲话。减税降费促进了市场主体发展壮大，涵养了税源。

1月10日　中共中央办公厅、国务院办公厅、中央军委办公厅印发《关于加强新时代烈士褒扬工作的意见》，提出要解决制约烈士褒扬工作创新发展的矛盾问题。

同日　中共中央办公厅印发《关于加强新时代廉洁文化建设的意见》。2022年，中共中央办公厅印发的文件还有《关于建立中小学校党组织领导的校长负责制的意见（试行）》、《关于加强新时代离退休干部党的建设工作的意见》、《领导干部配偶、子女及其配偶经商办企业管理规定》、《纪检监察机关派驻机构工作规则》等。

1月11日—14日　省部级主要领导干部学习贯彻党的十九届六中全会精神专题研讨班举行。习近平强调，继续把党史总结、学习、教育、宣传引向深入，更好把握和运用党的百年奋斗历史经验，弘扬伟大建党精神，增加历史自信、增进团结统一、增强斗争精神。

1月17日　习近平出席2022年世界经济论坛视频会议并发表《坚定信心，勇毅前行，共创后疫情时代美好世界》的演讲。

1月18日　国务院印发《关于支持贵州在新时代西部大开发上闯新路的意见》。2022年，国务院印发的文件还有《关于加快推进政务服务标准化规范化便利化的指导意见》、《关于加强数字政府建设的指导意见》、《广州南沙深化面向世界的粤港澳全面合作总体方案》等。

1月18日—20日　十九届中央纪委六次全会举行。习近平总结新时代党的自我革命的成功实践，阐述全面从严治党取得的历史性开创性成就、产生的全方位深层次影响，指出全面从严治党是新时代党的自我革命的伟大实践，开辟了百年大党自我革命的新境界，强调坚持严的主基调不动摇，坚持不懈把全面从严治党向纵深推进。赵乐际作工作报告。

1月25日　中国同中亚五国建交30周年视频峰会举行。习近平主持并发表《携手共命运，一起向未来》的讲话，强调携手构建更加紧密的中国—中亚命运共同体。

2022年2月

2月4日—20日、3月4日—13日　第二十四届冬奥会、第十三届冬残奥会先后在北京举行。中国秉持绿色、共享、开放、廉洁的办奥理念，积极开展国际交流合作，克服新冠肺炎疫情等各种困难挑战，向世界奉献了一届简约、安全、精彩的奥运盛会。91个国家和地区的近3000名运动员参加本届冬奥会，46个国家和地区的近600名运动员参加本届冬残奥会。中国体育代表团在冬奥会上获得9枚金牌、4枚银牌、2枚铜牌，名列金牌榜第三位；在冬残奥会上获得18枚金牌、20枚银牌、23枚铜牌，名列金牌榜和奖牌榜首位。4月8日，北京冬奥会、冬残奥会总结表彰大会举行。习近平总结筹备举办北京冬奥会、冬残奥会的宝贵经验，阐述胸怀大局、自信开放、迎难而上、追求卓越、共创未来的北京冬奥精神。

2月25日　中共中央、国务院印发《信访工作条例》，围绕做好新时代信访工作的体制机制、职责任务、处理程序、监督体系等进行顶层设计。

2月28日　《2021年国民经济和社会发展统计公报》发布，国内生产总值达到114.4万亿元，比2012年增长112.2%。

2022年3月

3月4日—10日　全国政协十三届五次会议举行。汪洋作全国政协常委会工作报告。

3月5日　习近平在参加十三届全国人大五次会议内蒙古代表团审议时讲话强调，坚持党的全面领导是坚持和发展中国特色社会主义的必由之路，中国特色社会主义是实现中华民族伟大复兴的必由之路，团结奋斗是中国人民创造历史伟业的必由之路，贯彻新发展理念是新时代我国发展壮大的必由之路，全面从严治党是党永葆生机活力、走好新的赶考之路的必由之路。

3月5日—11日　十三届全国人大五次会议举行。李克强作政府工作报告。栗战书作全国人大常委会工作报告。会议通过《关于修改〈中华人民共和国地方各级人民代表大会和地方各级人民政府组织法〉的决定》。

3月6日　习近平在看望参加全国政协十三届五次会议的农业界、社会福利和社会保障界委员时指出，粮食安全是"国之大者"，必须把"藏粮于地、藏粮于技"真正落实到位，强调种源安全关系到国家安全，必须实现种业科技自立自强、种源自主可控。

3月7日　习近平在出席十三届全国人大五次会议解放军和武警部队代表团全体会议时强调，依法治军是我们党建军治军的基本方式，是实现党在新时代的强军目标的必然要求。要贯彻依法治军战略，提高国防和军队建设法治化水平，为推进强军事业提供坚强法治保障。

3月8日　中共中央办公厅、国务院办公厅印发《关于加强科技伦理治理的意见》。2022年，中共中央办公厅、国务院办公厅印发的文件还有《乡村建设行动实施方案》、《关于推进社会信用体系建设高质量发展促进形成新发展格局的意见》、《关于推进新时代古籍工作的意见》、《关于加强基础学科人才培养的意见》、《关于推进以县城为重要载体的城镇化建设的意见》等。

3月17日　习近平主持中共中央政治局常委会会议并讲话，充分肯定常态化疫情防控以来我国疫情防控工作取得的成绩，指出当前国内外疫情防控的复杂性、艰巨性、反复性，强调要保持战略定力，抓细抓实各项防疫工作。

3月21日　国务院常务会议确定实施大规模增值税留抵退税。

3月25日　中共中央、国务院印发《关于加快建设全国统一大市场的意见》，提出加快建设高效规范、公平竞争、充分开放的全国统一大市场，全面推动我国市场由大到强转变。

同日　国务院办公厅印发《促进残疾人就业三年行动方案（2022—2024年）》。2022年，国务院办公厅印发的文件还有《关于推动个人养老金发展的意见》、《关于进一步释放消费潜力促进消费持续恢复的意见》、《关于推动外贸保稳提质的意见》、《关于进一步盘活存量资产扩大有效投资的意见》、《关于加快推进"一件事一次办"打造政务服务升级版的指导意见》等。

2022年4月

4月11日　李克强在江西主持召开部分地方政府主要负责人座谈会并讲话。此后，又分别主持召开稳增长稳市场主体保就业座谈会、东南沿海省份政府主要负责人座谈会、经济大省政府主要负责人座谈会。

4月18日　国家植物园在北京正式揭牌。7月11日，华南国家植物园在广州正式揭牌。

4月20日　十三届全国人大常委会第三十四次会议通过《中华人民共和国期货和衍生品法》、修订后的《中华人民共和国职业教育法》。

4月20日—22日　博鳌亚洲论坛2022年年会在海南博鳌举行。21日，习近平以视频方式出席开幕式并发表《携手迎接挑战，合作开创未来》的主旨演讲，提出促进世界安危与共的全球安全倡议。

4月28日　京杭大运河实现全线通水。这是京杭大运河百年来首次全线通水。

4月29日　习近平主持中共中央政治局会议。会议强调，疫情要防住、经济要稳住、发展要安全，这是党中央的明确要求。

4月30日　中共中央、国务院、中央军委印发《关于加强和改进新时代全民国防教育工作的意见》。

2022年5月

5月5日　习近平主持中共中央政治局常委会会议并讲话。会议强调，要毫不动摇坚持"动态清零"总方针，坚决同一切歪曲、怀疑、否定我国防疫方针政策的言行作斗争。

5月9日　习近平同德国总理朔尔茨举行视频会晤，指出当前形势下，中德尤其需要保持两国关系健康稳定发展，发挥好中德关系稳定性、建设性、引领性作用。

5月10日　庆祝中国共产主义青年团成立100周年大会举行。习近平强调，共青团要坚持为党育人，始终成为引领中国青年思想进步的政治学校；自觉担当尽责，始终成为组织中国青年永久奋斗的先锋力量；心系广大青年，始终成为党联系青年最为牢固的桥梁纽带；勇于自我革命，始终成为紧跟党走在时代前列的先进组织。截至2021年12月31日，全国共有共青团员7371.5万名。

5月11日　国际货币基金组织在特别提款权定值审查中上调人民币权重，有助于进一步提升人民币的国际储备货币地位，增强人民币资产的国际吸引力。

5月18日　庆祝中国国际贸易促进委员会建会70周年大会暨全球贸易投资促进峰会在北京举行。习近平发表视频致辞，提出聚力战胜疫情、重振贸易投资、坚持创新驱动、完善全球治理等建议。

5月23日　国务院常务会议进一步部署稳经济6方面33项一揽子措施。8月24日，部署再实施19项接续政策。8月24日至9月18日，国务院先后派出3批稳住经济大盘督导和服务工作组，就稳经济一揽子政策措施和接续政策措施贯彻落实开展督导和服务。

5月25日　习近平以视频方式会见联合国人权事务高级专员，深入阐述事关中国人权事业发展的重大问题，表明中国党和政府致力于全方位维护和保障人权的原则立场。

同日　国务院召开全国稳住经济大盘电视电话会议。李克强讲话。

2022年6月

6月5日　神舟十四号载人飞船发射取得圆满成功，航天员陈冬、刘洋、蔡旭哲顺利进驻天和核心舱。

6月17日　我国第三艘航空母舰福建舰下水命名仪式举行。

6月23日—24日　金砖国家领导人第十四次会晤以视频方式举行。23日，习近平主持会晤并发表《构建高质量伙伴关系，开启金砖合作新征程》的讲话，强调构建更加全面、紧密、务实、包容的高质量伙伴关系，开启金砖合作新征程。24日，习近平主持全球发展高层对话会并发表《构建高质量伙伴关系，共创全球发展新时代》的讲话。此前，22日，习近平以视频方式出席金砖国家工商论坛开幕式并发表《把握时代潮流，缔造光明未来》的主旨演讲。

6月24日　十三届全国人大常委会第三十五次会议通过《中华人民共和国黑土地保护法》、修订后的《中华人民共和国体育法》，通过《关于修改〈中华人民共和国反垄断法〉的决定》、《关于修改〈中华人民共和国全国人民代表大会常务委员会议事规则〉的决定》。

6月27日　经中共中央批准，由中央党史和文献研究院编写的《中国共产党的一百年》出版发行。

6月29日　中共中央组织部公布的党内统计数据显示，截至2021年12月31日，中国共产党党员总数为9671.2万名，党的基层组织493.6万个。

2022年7月

7月1日　习近平出席庆祝香港回归祖国25周年大会暨香港特别行政区第六届政府就职典礼。习近平强调，"一国两制"实践在香港取得举世公认的成功。"一国两制"是经过实践反复检验了的，符合国家、民族根本利益，符合香港、澳门根本利益，得到14亿多祖国人民鼎力支持，得到香港、澳门居民一致拥护，也得到国际社会普遍赞同。这样的好制度，没有任何理由改变，必须长期坚持。

7月7日　南水北调后续工程中线引江补汉工程开工动员大会举行。韩正宣布工程开工。

7月19日　李克强出席世界经济论坛全球企业家视频特别对话会并致辞。

7月22日　全国文物工作会议举行。王沪宁讲话。

7月24日　中国空间站首个科学实验舱问天实验舱发射任务取得圆满成功。25日，神舟十四号航天员乘组顺利进入问天实验舱。这是中国航天员首次在轨进入科学实验舱。

7月26日—27日　省部级主要领导干部"学习习近平总书记重要讲话精神，迎接党的二十大"专题研讨班举行。习近平阐述过去5年工作和新时代10年的伟大变革，阐释新时代坚持和发展中国特色社会主义的重大理论和实践问题，阐明未来一个时期党和国家事业发展的大政方针和行动纲领。习近平强调，全党必须增强忧患意识，坚持底线思维，坚定斗争意志，增强斗争本领，以正确的战略策略应变局、育新机、开新局，依靠顽强斗争打开事业发展新天地，最根本的是要把我们自己的事情做好。必须坚持以中国式现代化推进中华民族伟大复兴。全面建设社会主义现代化国家，实现新时代新征程各项目标任务，关键在党。全党必须高举中国特色社会主义伟大旗帜，坚持以马克思主义中国化时代化最新成果为指导。牢牢把握新时代新征程党的中心任务，提出新的思路、新的战略、新的举措，继续统筹推进"五位一体"总体布局、协调推进"四个全面"战略布局，踔厉奋发、勇毅前行、团结奋斗，奋力谱写全面建设社会主义现代化国家崭新篇章。

7月27日 中央军委举行颁授"八一勋章"和荣誉称号仪式。习近平向"八一勋章"获得者颁授勋章和证书,向获得荣誉称号的单位颁授荣誉奖旗。

同日 习近平在参观"领航强军向复兴——新时代国防和军队建设成就展"时强调,党的十八大以来,国防和军队建设取得历史性伟大成就,要贯彻新时代党的强军思想,贯彻新时代军事战略方针,再接再厉,锐意进取,埋头苦干,奋力实现建军一百年奋斗目标。

7月29日—30日 中央统战工作会议举行。习近平充分肯定百年统战的历史性贡献和新时代统战工作取得的历史性成就,阐明关于做好新时代党的统一战线工作的重要思想,分析新时代统战工作的历史方位,提出做好新时代统战工作的指导思想、基本任务、工作重点、政策举措,强调要加强党对统战工作的全面领导,坚持爱国统一战线发展的正确方向,促进政党关系、民族关系、宗教关系、阶层关系、海内外同胞关系和谐,促进海内外中华儿女团结奋斗,为全面建成社会主义现代化强国、实现中华民族伟大复兴汇聚伟力。汪洋作总结讲话。

2022年8月

8月2日 针对美国国会众议长不顾中方强烈反对和严正交涉窜访中国台湾地区,中国外交部、全国人大常委会发言人、中共中央台办、全国政协外事委员会、国防部新闻发言人分别发表声明或谈话,强调中国政府和中国人民在台湾问题上的立场一以贯之,中方必将采取一切必要措施,坚决捍卫国家主权和领土完整,由此产生的一切后果必须由美方和"台独"分裂势力负责。2日晚开始,中国人民解放军东部战区在台岛周边开展一系列联合军事行动。5日,中国外交部宣布对佩洛西及其直系亲属进行制裁并对美方采取8项反制措施。10日,《台湾问题与新时代中国统一事业》白皮书发表。16日，中共中央台办发言人受权宣布对列入清单的一批"台独"顽固分子等人员实施制裁。

8月4日 我国首颗陆地生态系统碳监测卫星"句芒号"成功发射。

8月18日 十九届中央反腐败协调小组总结党的十九大以来追逃追赃和跨境腐败治理工作取得的成效。党的十九大以来，到2022年7月，"天网行动"共追回外逃人员6900人，其中党员和国家工作人员1962人，追回赃款327.86亿元，"百名红通人员"已有61人归案。

8月29日 国务院召开第十次全国深化"放管服"改革电视电话会议。李克强讲话。

8月30日 中共中央政治局会议决定中国共产党第十九届中央委员会第七次全体会议于2022年10月9日在北京召开。中共中央政治局将向党的十九届七中全会建议，中国共产党第二十次全国代表大会于2022年10月16日在北京召开。

同日 全国"人民满意的公务员"和"人民满意的公务员集体"表彰大会举行。习近平会见受表彰代表。王沪宁讲话。这是首次以党中央、国务院名义开展全国"人民满意的公务员"和"人民满意的公务员集体"表彰。

2022年9月

9月2日 十三届全国人大常委会第三十六次会议通过《中华人民共和国反电信网络诈骗法》和修订后的《中华人民共和国农产品质量安全法》。

9月5日 四川甘孜藏族自治州泸定县发生6.8级地震。习近平作出指示，要把抢救生命作为首要任务，全力救援受灾群众，最大限度减少人员伤亡。李克强作出批示。有关各方立即启动应急响应，组织力量第一时间赶赴现场，全力救援受灾群众。12日，应急救援阶段转入过渡安置及恢复重建阶段。

9月9日 中共中央政治局召开会议，研究拟提请党的十九届七中全会讨论的十九届中央委员会向中国共产党第二十次全国代表大会的报告稿、《中国共产党章程（修正案）》稿、十九届中央纪律检查委员会向中国共产党第二十次全国代表大会的工作报告稿，审议《十九届中央政治局贯彻执行中央八项规定情况报告》、《关于党的十九大以来整治形式主义为基层减负工作情况的报告》。

9月14日—16日 习近平出席在乌兹别克斯坦撒马尔罕举行的上海合作组织成员国元首理事会第二十二次会议，并对哈萨克斯坦、乌兹别克斯坦进行国事访问。15日，会见白俄罗斯总统卢卡申科，两国元首一致决定将中白关系提升为全天候全面战略伙伴关系。16日，习近平在上海合作组织成员国元首理事会第二十二次会议上发表《把握时代潮流，加强团结合作，共创美好未来》的讲话。

9月25日 中共二十大代表选举工作顺利完成，共选举产生2296名出席党的二十大代表。当选代表具有较高的思想政治素质、良好的作风品行和较强的议事能力，在各自岗位上做出了明显成绩；代表结构和分布比较合理，具有广泛代表性。

9月27日 习近平参观"奋进新时代"主题成就展。强调，党的十八大以来，党中央团结带领全党全国各族人民，攻克了许多长期没有解决的难题，办成了许多事关长远的大事要事，经受住了来自政治、经济、意识形态、自然界等方面的风险挑战考验，党和国家事业取得历史性成就、发生历史性变革，为实现中华民族伟大复兴提供了更为完善的制度保证、更为坚实的物质基础、更为主动的精神力量。要激励全党全国各族人民坚定历史自信、增强历史主动，踔厉奋发、勇毅前行、团结奋斗，谱写全面建设社会主义现代化国家新篇章，夺取中国特色社会主义新胜利。李克强、栗战书、汪洋、王沪宁、赵乐际、韩正参观展览。

9月30日　习近平、李克强、栗战书、汪洋、王沪宁、赵乐际、韩正、王岐山等，同各界代表一起出席烈士纪念日向人民英雄敬献花篮仪式。

（新华社北京2022年10月13日电）